다시
시작하는
투자

진짜 전문가가
말하는
도시계획의 비밀

엄재웅(서경파파) 지음

아시아

하락장에도 오르는
부동산은 정해져 있다

외환위기가 불거졌던 1997년에 저는 중학생이었습니다. 이후 대학교를 졸업할 때까지 저희 가족은 경제적 어려움을 겪어야 했습니다. 그 이후에는 괜찮아졌을까요? 설상가상으로 취업을 준비하던 시기에는 리먼 사태가 터지면서 저를 포함한 당시 많은 젊은이가 꿈을 포기하고 말았습니다. 꿈은 고사하고 냉혹한 현실에 부딪힌 채 생존해야 한다는 압박감에 시달리며 많은 세월을 보냈습니다. 언론은 하루가 멀다고 기업들의 구조 조정과 치솟는 물가, 100:1이 넘는 공무원 경쟁률 같은 암울한 소식만 전했습니다.

　오늘날은 어떨까요? 지난 5~6년간의 경제 호황기가 지나고 중국발 경제 위기가 터지면서 2022년부터 금리가 인상되었습니다. 그리고 2023년의 전례 없는 물가 상승으로 다들 힘든 시기를 보내고 있습니다. 어쩌면 2024년부터는 과거에도 그랬던 것처럼 도산하는 기업들이 늘어나고 구조 조정이 본격화될 것입니다. 역사는 늘 반복되었던 것처럼 말이죠.

위기는 항상 존재했습니다. 그리고 위기를 극복하고 나아가지 못하면 무력감에 사로잡히기 쉽습니다. 저는 위기 속에서도 무력감에 빠지지 않고 성공하는 투자의 왕도를 제시하고자 이 책을 썼습니다. 어렵지 않습니다. 당장 큰돈이나 비범한 능력이 없더라도 충분히 지금보다 더 나은 삶을 만들 수 있습니다. 이 책에서 다루는 이야기들은 결코 허구가 아닙니다. 여러분이 살고 있는 바로 지금 주변에서 일어나고 있는 사실입니다. 아직도 소액으로 서울 소재 부동산 투자가 가능합니다. 현실적인 투자 방법만 익힌다면 몇 년 후에는 여러분의 가족도 중산층으로 살아갈 수 있습니다. 노후 대비가 되어 있지 않고 물려줄 재산이 없더라도 여러분의 자녀는 먹고사는 문제를 스스로 충분히 해결하게 될 것입니다.

앞으로 몇 년간의 경제 상황은 2023년보다 더 혹독할 전망입니다. 그리고 이런 사이클은 과거에도 그랬던 것처럼 주기적으로 찾아올 것입니다. 그러나 겁먹을 필요 없습니다. 우리는 냉혹한 경제 하락기에도 돈을 벌 수 있습니다.

제가 소개하는 내용은 리먼 사태 당시의 부동산 동향과 지금 일어나고 있는 현실 사례 등을 면밀히 분석한 결과물입니다. 경제가 어렵다고 모든 사람이 다 망하지는 않았습니다. 오히려 위기 속에서 과감하게 행동해 좋은 결과를 만들어낸 사람들도 분명히 있었습니다.

우리는 평범하지만 대단한 결과를 만들어내는 사람들을 모방할 수 있습니다. 이 사실을 안다면 돌파구는 있습니다. 이 책을 통해 처음에는 느리더라도 의미 있는 변화를 일궈내시길 바랍니다. 이로써 삶의 무게에서 벗어나는 해방감을 맛보시길 진심으로 기원합니다.

3부 유망 지역 가격 분석
: 실전 투자 분석

1부

하락장은 기회다

: 오르는 부동산을 고르는 3원칙

1장

투자는
공부가 전부다

어느 연예인이 20억 원이나 되는 돈을 들여 한 방에 수백억 원을 벌었다는 소식을 종종 접합니다. 박탈감을 느끼지 않을 수 없습니다. 멋진 외모, 많은 인기, 든든한 인맥, 넉넉한 재산. 이들은 얼마나 대단한지 자신들의 돈과 명성을 이용해 실패하지 않는 부동산 투자를 하고, 그 성과는 고스란히 언론에 노출됩니다. 저도 언론에 소개된 정보만 믿고 살았을 때는 또래 연예인의 성공담에 자격지심이 들곤 했습니다. 사실 누구나 잘나가는 사람에게 어느 정도의 자격지심을 느낍니다. 요즘처럼 SNS가 발달한 세상에서는 더욱 그렇습니다. 그러나 그 마음을 어떻게 이용하냐에 따라 평범한 자질과 불분명한 꿈을 지닌 사람이더라도 인생이 달라집니다. 자격지심을 품고 남의 성공담을 지켜보며 속앓이를 한다고 해도 삶이 달라지지는 않습니다. 반면 자격지심을 집념과 몰두로 승화한다면 이전보다는 훨씬 나은 삶을 살 수 있습니다.

2016년 부동산 상승기 이후 몇 년간 방송이나 SNS에 부동산 부자들과 연예인들, 부동산 유튜버들이 얼굴을 비치자 많은 사람이 막연한 불안감에 쫓겨 부동산 투자에 뛰어들었습니다. 현명하게 빠져나간 사람들도 있겠지만 대부분 하락장과 고금리에 고전하고 있습니다.

다들 제 나름대로 노력했을 것입니다. 부동산은 주식과 달리 인생에서 번 돈의 대부분을 투자하고 대출까지 받아야 하니까요. 하지만 그 돈의 크기와 무게에 비해 진짜 돈이 되는 정보, 진짜 도움이 되는 인맥은 애초에 없었을 것입니다. 방송이나 유튜브에 나온 전문가들의 말만 믿고 부동산을 매수했다는 투자자를 만날 때마다 안타까운 마음이 들었습니다.

"그 아파트가 좋아 보인다고 하는데… 과연 이 가격에 사도 될까?"
"입지와 상품성이 좋다고 해도 비싸게 사는 건 아닐까?"
"요즘 같은 시기에 더 오를 여지가 있을까?"
"만약 오른다면 앞으로 얼마나 더 오를까?"

지금 와서는 답을 알고 있습니다. 하지만 하락장이 시작되기 전만 해도 대한민국의 평범한 사람들이 수도 없이 고민했던 문제입니다. 2022

년 이후 추풍낙엽처럼 떨어지는 아파트의 시세를 보면서 대부분 이렇게 생각할 것입니다.

"그때 안 사길 잘했어."
"투자는 무슨, 그냥 저축이나 하자."
"어쩌면 돈 벌었다고 하는 사람들은 사기꾼이었을 거야."

그 시기에 투자에 성공한 유명인들은 여전히 투자에 성공하고 있거나 다음 투자를 준비하고 있습니다. 애초에 레벨이 다른 사람들만 부동산 투자로 돈을 벌 수 있는 것일까요? 절대 그렇지 않습니다. 부동산 부자로 이름난 연예인들은 처음부터 강남 건물만 샀을까요? 저는 그들을 향한 자격지심을, 강남이 아닌 곳의 건물을 매수한 사례를 연구해보자는 동기부여로 승화시켰습니다. 실제로 조사해보니 막연하게 강남 건물이 좋다고 해서 평생 모은 돈을 쏟아부어 큰 손실을 본 부자나 연예인도 많았습니다. 이제 저는 잘나가는 사람들에게 전혀 박탈감도 느끼지 않고, 이들의 성과와 화려함에 배도 아프지 않습니다.

저는 '똑똑한 한 채를 사야 큰돈을 벌 수 있다'는 메시지가 부동산 투자의 제1공식처럼 퍼진 것이 문제라고 생각합니다. 이 메시지는 짧고 강력하고 외우기도 쉬워서 많은 사람이 따라 하고 있습니다. 그러나 이런 식으로 투자하면 극히 짧은 상승기가 아닐 때는 돈을 벌기가 몹시 어렵습니다. 그러므로 이 공식은 잘못되었습니다. 저는 지금부터 하락장에도 오르는 부동산의 세 가지 원칙을 차근차근 설명할 것입니다. 이 원칙만 잘 숙지하고 적용하면 유명인들처럼 큰돈을 벌 수 있습니다.

2장

[제1원칙]
거점은 상급지가 아니다

제 경험상 사업이나 주식, 암호화폐로 큰돈을 번 사람들은 부동산을 투자의 대상으로 보지 않습니다. 이들은 부의 과시와 자기만족 등 다양한 이유로도 부동산을 매수하기 때문에 평범한 투자자가 연구해야 할 대상이 아닙니다. 우리의 연구 대상은 소위 '강남 땅부자'로 불리는 사람들입니다. 다행스럽게도 저는 그런 사람들을 자주 만나왔습니다. 심지어 이들이 어떤 부동산에 관심이 있는지도 알게 되었습니다.

제가 만난 분 중에 자신을 '전직 모텔 사장님'이라고 소개한 분이 있었습니다. 왜 하필 전직이라고 했을까 궁금해서 몇 마디를 나누었는데, 서초구 서초동과 강동구 천호동에서 오랫동안 모텔들을 운영했던 분이었습니다. 그런데 어느 날 건설사 직원이 찾아와서 모텔들을 시세보다 두 배 이상 비싸게 팔라고 제안해 모두 처분했다는 게 그분의 이야기였습니다. 그런데 중랑구 상봉동의 모텔들이 디벨로퍼들에게 집중적으로 매수된 일을 소개한 제 칼럼을 우연히 보고, 그런 생소한 지역에도 자신의 경험과 비슷한 사례가 있다는 걸 알게 되어 저를 찾아왔던 것입니다.

투자를 잘하는 사람들의 생각

전직 모텔 사장님이 왜 상봉동의 모텔들에 관심을 품었을까요? 단순히 저렴해서 또는 호재가 넘치거나 어떤 잘난 사람이 추천해서 매수하려는 것이 아니었습니다. 이분은 무엇보다 부동산으로 돈을 크게 번 경험이 있었습니다. 자신의 성공 경험이 다음 행동을 이끈 것입니다.

지난 두 권의 책에서 저는 '하락장에도 오르는 부동산은 있다'고 강조했습니다. 상봉동에 연고도 없는 이분은 자신의 경험 덕분에 하락장에도 오르는 부동산은 있다는 것을 알고 있었을 가능성이 큽니다. 하락장의 공포가 만연한 지금, 영등포구 여의도동의 재건축 아파트에서 이런 현상이 벌어지고 있습니다. 특히 여의도 서울아파트는 47억 원을 찍으면서 평당 1억 원짜리 아파트로 등극했습니다. 그런데 이런 신기루 같은 일이 단지 잘난 사람들에게만 벌어지는 일일까요?

결론부터 말하면 평범한 투자자도 충분히 할 수 있습니다. 소위 서울

그림 1-1

여의도 서울아파트 48평

2022.3.21	42억 5,000만 원
2022.10.14	33억 5,000만 원
2023.7.12	47억 원

최저가 대비 40.30% 신고가!

여의도 삼부아파트 43평

2021.4.14	26억 2,500만 원
2023.3.23	23억 원
2024.4.17	29억 원

최저가 대비 26.09% 신고가!

그림 1-2

불광동 305-22번지

| 2019.11.7. | 2억 원 |
| 2022.11.11. | 20억 원 |

3년 투자로 1,000% 수익!

출처: 국토교통부 실거래가

에서 투자하면 안 되는 지역으로 언급되는 곳 중 하나인 은평구 불광동에서 실제로 그런 일이 있었습니다. 2019년 11월에 2억 원(실투자금은 1억 원 미만)을 노후 빌라에 투자한 사람이 3년 만인 2022년 11월에 무려 매매가의 10배인 20억 원에 해당 매물을 매각했습니다.

왜 이처럼 거대한 수익이 발생했을까요? 재개발 호재? GTX-A 개통? 아닙니다. 디벨로퍼가 관심을 가지고 비싼 값을 불렀기 때문입니다. 전직 모텔 사장님과 유사한 사례입니다. 갭투자로 본다면 실투자금은 1억 원 미만이었으니, 굉장히 효율적인 투자를 한 것입니다. 디벨로퍼가 불광동에 관심을 품은 이유는 '도시기본계획'에서 '거점'으로 지정되었기 때문입니다.

혹시 도시기본계획을 알고 있거나 들어본 적 있나요? 아마 들어는 봤어도 도시기본계획을 처음부터 끝까지 정독해본 사람은 거의 없을 것입니다. 특히 지금과 같은 경기 침체기에는 정부의 행동 자체를 불신할 수밖에 없습니다. 그러나 대한민국은 체계적인 문서화를 자랑하는 나라입니다. 따라서 보수 성향의 정부든, 진보 성향의 정부든 도시기본계획의 방향성을 침해하는 개발은 하지 않습니다.

하락장에도 오를 가능성이 있는 매물, 즉 '되는 곳'을 찾으려면 도시기본계획을 잘 파악해야 합니다. 부동산에 투자해서 실패하지 않는 사람들은 이런 투자 메커니즘을 알고 있을 가능성이 큽니다. 여러분의 정치 성향이 현재 집권한 정부와 맞을 수도 있고 맞지 않을 수도 있습니다. 그러나 저는 문재인 정부 시기에도, 현재 윤석열 정부 시기에도 정부를 미워하지 말고 그들의 행간을 파악하라고 지도합니다. 그 결과 저는 대한민국을 흔들 정치적인 이슈가 터져도 흥분하거나 화내는 대신 평정심을 유지하면서 앞으로 어떻게 행동해야 할지 목표를 정할 수 있게 되었습니다.

지금까지 '똑똑한 한 채'가 아닌 '되는 곳'을 찾을 수 있다면, 부동산 투자로 수익을 낼 수 있다는 점을 소개했습니다. 사실 '되는 곳'을 찾으려면 많은 훈련이 필요합니다. 수 년간 유튜브 마케팅의 힘을 빌린 가짜 전문가들이 세뇌해온 '똑똑한 한 채가 부동산의 끝판왕'이라는 패러다임을 과감하게 깨야 하기 때문입니다. 무엇보다 공부해야 할 내용이 방대합니다. 제가 운영하는 네이버 카페 〈서집달〉에서도 투자자들이 이런 노하우를 제대로 이해하기까지 평균 6개월이 소요되었습니다.

도시기본계획의 거점을 알면 평범한 우리도 부자가 될 수 있다?

사실 도시기본계획은 매우 방대할 뿐 아니라 지루하기 짝이 없습니다. ChatGPT와 같은 AI가 방대한 정보를 수집할 수 있는 오늘날에도 정작 핵심 정보는 눈에 잘 보이지 않는 셈입니다. 따라서 도시기본계획을 연구한다고 해도 과연 돈이 되는 핵심 정보를 얻을 수 있는지 의구심이 들 것입니다.

그러나 적어도 돈도 백도 없는 대한민국의 평범한 사람들에게는 도시기본계획이야 말로 훌륭한 멘토나 다름없다고 자신할 수 있습니다. 똑똑한 한 채, 입지 좋은 강남3구 아파트의 불패 신화는 과연 사실일까요? 서초구 반포동의 대장 중 대장이라고 여겨진 아크로리버파크 34평형이 최고가 46억 6,000만 원에서 2023년 9월 기준 36억 원으로 떨어졌습니다. 이처럼 똘똘한 한 채의 상징마저 2023~2024년 하락장에서 여지없이 무너지고 있습니다.

도시기본계획에 있는 정보로 투자하는 것이 대한민국 부동산 투자의 유일무이한 진리라고 말하는 것은 아닙니다만, 똘똘한 한 채도 무너지고 있는 현재 시점에서 이를 활용한 투자만큼 효율적이고 안정적인 투자는 찾아보기 힘들다는 것이 핵심입니다. 심지어 앞서 설명한 불광동과 여의도동의 사례는 하락장이 시작된 2022~2023년에 있었던 일입니다.

왜 어떤 부동산은 하락장에도 오를까요? 부동산이라는 자산의 특성 자체, 즉 부동성 때문입니다. 청량리역세권을 예로 들면, [그림 1-3]처럼 그곳에만 해당되는 고유의 개발 계획이 존재합니다.

투자자들이 이런 계획에 매력을 느껴 투자하기 시작한다면 땅값은 오릅니다. 특히 지금 같은 경제 위기 속에서 오히려 지방자치단체장들은 자신의 업적을 과시하기 위해 핵심 지역을 개발하려고 합니다. 무엇보다 가시적인 성과를 내기 위해서는 이미 완성된 곳을 건드리기보다는 현재는 낡고 열악한 곳이지만 천지개벽할 수 있는 곳을 건드리는 것이 유리합니다.

서울을 비롯해서 전국에는 도시기본계획상 지정된 거점들이 많습니다. 이 책이 모든 거점을 다루는 것은 아니지만, 거점으로 지정되면 왜

그림 1-3

2. 실현전략

지역발전구상

목표1 : 광역 및 지역중심지의 중심지 기능 강화

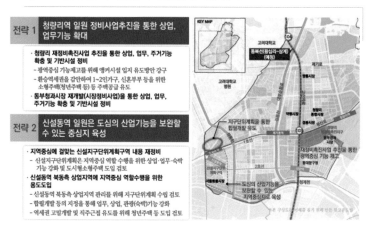

도시기본계획에 명시된 거점 예시.

출처: 2030서울생활권계획

땅값이 오르는지, 하락장에서도 왜 가격 방어가 되거나 오히려 오르는 지 정도는 충분히 설명할 것입니다. 하락장에서도 시세가 오르는 이유 는 거점에 나타나는 두 가지 혜택 때문입니다.

거점에 나타나는 두 가지 혜택을 이해한다면 우리의 부동산 투자도 실패할 가능성을 현저히 줄일 수 있습니다. 우선 2023년에 대표적인 신고가를 기록한 여의도 재건축 아파트 사례를 통해 거점이 왜 '되는 곳'인지 소개하겠습니다.

3장

되는 곳과
안 되는 곳

지난 5년간 집값 생각에 미소 지은 사람은 그리 많지 않았을 것입니다. 상승장 때는 매일 누가 돈 벌었다는 기사들이 쏟아져 나옵니다. 이 때문에 배도 아프고 이대로 손 놓고 있으면 안 될 것 같은 기분도 듭니다.

하지만 요즘은 어디가 얼마나 떨어졌다는 이야기뿐입니다. 그러나 막상 떨어졌다는 지역의 부동산에 문의해보면 매도인의 호가는 생각보다 떨어지지 않았습니다. 그렇다면 어떻게 행동해야 할까요? 지금은 바닥일까요? 지금 사면 얼마나 오를까요?

저는 누구보다 하락장에 대해 많이 연구했다고 자부합니다. 그리고 하락장에도 오르는 곳은 반드시 있다는 것이 제 결론입니다. 잘난 사람들만 투자하는 '되는 곳', 우리도 그런 지역에 관심을 품는다면 충분히 그들만큼 돈 벌 수 있습니다. 제가 집요하게 분석하고 연구한 결과물을 지금부터 찬찬히 읽는 것만으로도 큰 수확이 될 것입니다.

되는 곳과 안 되는 곳은 정부 정책에서 판가름 난다

요즘 '여의도 vs 판교'의 경쟁 구도가 많은 화제를 불러일으키고 있습니다. 여의도는 국제금융 중심지이자 서울의 도심입니다. 판교는 많은 사람이 준강남으로 여기고 있으며 엔씨소프트, 카카오, 넥슨 등 IT 기업들이 몰려 있는 곳입니다.

화려한 건물, 양질의 상권, 2030 세대가 선망하는 일자리 등 여의도와 판교의 입지는 우열을 가리기 힘듭니다. "왜 2023년에 여의도 재건축 아파트는 반등에 성공했을까?" 하는 질문에 대해 많은 전문가가 쉽게 답하지 못하는 이유입니다.

'여의도 재건축 예정 아파트'들은 지어진 지 50년도 훌쩍 넘었습니다. 심하게 낡은 탓에 실거주를 한다면 리모델링이나 인테리어를 해도 한계가 명확합니다. 게다가 몇몇 전문가는 여의도는 한강과 인접했기 때문에 강바람이 심하고 양질의 학군이 없으므로, 여의도는 '지는 해', 판교는 '뜨는 해'라고 말하기도 합니다. 그러나 2023년만 놓고 본다면 여의도가 오히려 뜨는 해처럼 보였습니다. 왜 여의도 재건축 예정 아파트들은 2023년에 반등했을 뿐 아니라 신고가까지 기록했을까요? 결론부터 말하면 2023년부터 여의도는 '되는 곳'이었기 때문입니다.

그런데 저는 해당 아파트를 '재건축 아파트'라고 부르지 않고 '재건축 예정 아파트'라고 정의했습니다. 왜 그렇게 불렀을까요? 사실 재건축을 준비한 지 상당한 세월이 흘러서 조합설립인가에 다다르지 못한 단지들이 대부분이기 때문입니다. 왜 그랬을까요? 2023년 전까지는 안 되는 곳이었습니다. 왜 안 되는 곳이었냐면, 정부 정책으로 억눌렀기 때문입니다.

여의도 아파트의 대격변

이야기는 2015년으로 거슬러 올라갑니다. 당시에는 '한강변 관리 기본계획'에 따라 한강과 가장 가까운 첫 번째 동은 15층 이하로 지어야 했고, 아파트의 최고높이도 35층으로 일괄 규제했습니다. 10층 이상의 중층으로 편성된 여의도 아파트들에는 한마디로 재건축하지 말라는 사형 선고나 마찬가지였죠.

그러나 2023년도부터 서울시는 여의도 아파트 재건축과 관련해 최고층수 규제를 풀기 시작했습니다. 35층 규제에서 벗어나 60층 이상으로 높게 지을 수 있게 되었죠. 15~35층 이하로만 재건축이 가능했던 여의도 재건축 예정 아파트들이 규제에서 벗어나자 '되는 곳'으로 위상이 달라졌던 것입니다.

그렇다면 우리는 언제 움직여야 할까요? 안 되는 곳이 되는 곳으로

그림 1-4

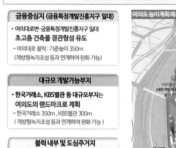

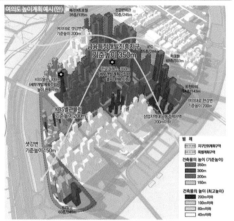

국제금융 특화 주거단지로 지정되면서 여의도 재건축 예정 아파트의 사업성이 좋아졌습니다.
출처: 여의도 금융중심 지구단위계획(안)

바뀌기 전에 예측할 수 있을까요? 사실 그 실마리는 이미 존재했습니다. 바로 2018년에 발표된 '2030서울생활권계획(도시기본계획)'이었죠. 그래서 저는 2020년부터 "여의도 재건축 예정 아파트는 63빌딩만큼 높게 재건축 가능하고 추정분담금 없이 사업할 수 있다"라고 설명해왔습니다.

'되는 곳'과 '안 되는 곳'은 정부 정책으로 판가름 납니다. 이걸 미리 파악하고 선점하는 투자를 해야 남들보다 싸게 사고 잃지 않는 투자가 가능합니다. 이런 걸 분석하는 곳이 각종 개발 사업을 펼치는 기업들입니다. 이들은 좋은 땅을 선점해서 개발 사업을 진행합니다. 그리고 아파트가 신축되면 온갖 호재를 내세우면서 투자자를 끌어모읍니다. 지금까지 많은 사람이 이런 호재에 투자해왔기 때문에 항상 비싼 값에 살 수밖에 없었고 수익은커녕 손실이 발생하는 투자만 해왔습니다.

지금 당장 공사 현장을 봐라

저는 '되는 곳'을 한눈에 파악하는 법을 가르칠 때, 해당 지역에 공사가 많이 진행되고 있는지를 먼저 봐야 한다고 강조합니다. 그 관점에서 '여의도 vs 판교'의 구도를 분석하면 당연히 공사 현장이 더 많은 여의도가 '지금 잘되는 곳'이고 '뜨는 해'라고 할 수 있습니다. 공사가 많이 진행되고 있다는 것은 기업들이 개발 사업을 펼칠 만한 정부 정책이 나왔다는 뜻이고, 그만큼 적극적으로 토지를 매입해 땅값이 올라갔다는 뜻이기 때문입니다.

PF대출 부실 문제로 몇몇 건설사의 사업이 부진한 것도 사실입니다. 하지만 이걸 기회로 더 좋은 땅을 선점하려고 하는 기업들 또한 반드시 존재합니다. 지난 외환위기 당시 우리나라의 제조업이 망하고 공장이 가동을 멈추었을 때 해외 유통 기업인 월마트와 까르푸가 정부 정책을 파악하고 공장 부지를 사들여서 대형 마트 시대를 열기 시작했습니다. 이에 신세계그룹의 이마트도 서울 전역의 공장 부지를 매입하며 해외 유통 업체와의 경쟁에서 이기고 유통업을 장악했습니다.

경제 위기 속에서 정부는 규제를 완화하는 등 기회를 제공합니다. 그리고 누군가는 그 기회를 잡아서 큰 수익을 남깁니다. 저는 이번 하락장을 통해 일반 투자자들이 기회를 얻었으면 좋겠습니다. 지금부터는 구체적으로 정부가 어떻게 규제를 완화하는 등의 특혜를 주는지 그리고 어떻게 투자에 적용할 수 있는지 그 방법을 소개하겠습니다.

4장

거점의
혜택

앞서 거점이 '되는 곳'인 이유는 정부 정책 덕분이라고 설명했습니다. 그 사례로 여의도를 꼽았지만, 미래의 되는 곳을 서울에서 꼽으라고 한다면 [그림 1-5]처럼 여러 곳을 표시할 수 있습니다.

이런 지역들을 도시기본계획상 '거점'이라고 부르는데, 2장에서 거점을 위한 두 가지 혜택 때문에 하락장에서도 시세가 오른다고 강조했습니다. 정리하면 정부가 거점으로 지정하고 그 거점에 두 가지 혜택을 부여했기 때문에 개발 사업이 시작되고 땅값이 오르는 것입니다. 그렇다면 그 두 가지 혜택은 대체 무엇일까요?

그림 1-5

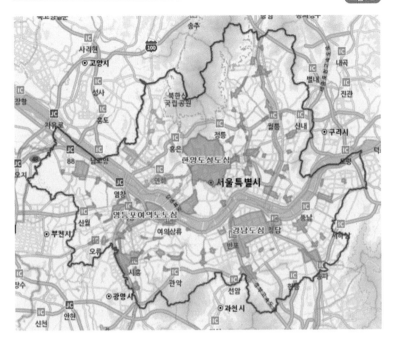

서울만 하더라도 거점이 매우 많습니다.
출처: 서울도시계획포털

인허가 인센티브

우리에게 괴짜 대통령으로 잘 알려진 도널드 트럼프는 부동산 개발
업자 출신입니다. 그는 33세의 나이에 개발과 운영을 아우른 그랜드
하얏트 뉴욕 호텔 사업을 성공적으로 이끌면서 '뉴욕의 황금 청년New
York's golden boy'이라는 별명으로 불리기도 했습니다. 사실 트럼프의 성

공에는 그의 사업 수완도 큰 역할을 했지만, 이면을 살펴보면 뉴욕시가 그에게 제공한 40여 년간의 세금 감면 혜택도 한몫했습니다.

오늘날 뉴욕은 세계인들이 선망하는 대도시지만 사실 트럼프가 호텔 사업을 시작한 1970년대는 범죄 도시 그 자체였고, 불안감을 느낀 중산층은 뉴욕을 떠나기 시작했습니다. 그러나 이 젊은 사업가에게 뉴욕시가 막대한 혜택을 주면서 오늘날 뉴욕은 부를 상징하는 도시로 탈바꿈했습니다.

이처럼 부동산 개발은 별 볼 일 없는 자산을 가치 있는 자산으로 바꿔주는 획기적인 사업입니다. 뉴욕뿐 아니라 우리나라도 사실 천지개벽한 지역들이 많습니다. 대표적으로 강남이 그렇고 분당과 판교도 그렇습니다. 특히 분당과 판교를 낀 성남시는 1970년대까지만 해도 서울에서 이주한 철거민들이 정착한 땅으로 1971년에는 이곳에서 빈민 항쟁이 일어나기도 했습니다. 오늘날 2030 세대가 선망하는 IT 기업들의 중심지로 보기에는 그 역사가 너무나 극적입니다.

이처럼 자산의 가치를 높일 때 절차가 생략되면 시간을 효율적으로 쓸 수 있습니다. 천지개벽이 필요한 지역일수록 인허가 절차는 단순해야 합니다. 인허가 절차가 단순할수록 속도가 빠를 수밖에 없고, 속도가 빠를수록 사업의 효율은 극대화됩니다. 가령 주민센터만 해도 과거에는 민원인들이 길게 줄을 서서 기다리다가 공무원에게 필요한 서류를 일일이 신청해야 했지만, 오늘날에는 무인 발급기에서 간단한 인증 절차만 거치면 5분 안에 원하는 서류를 발급받을 수 있습니다. 이처럼 번거로운 절차를 줄이는 것만으로도 해당 업무를 처리하는 공무원과 민원인 모두가 효율적으로 시간을 쓸 수 있습니다.

부동산 개발도 마찬가지입니다. 번거로운 규제와 사업 절차가 줄어들면 건설사는 빠르게 주택과 상가를 공급할 수 있습니다. 이는 곧 지자체장들의 업적이 되기도 합니다.

재개발 및 재건축 사업 중에는 도시기본계획상 거점과 관련된 것도 있습니다. 대표적으로 여의도가 그렇습니다. 여의도를 방문한 외국인들이 웅장하고 높은 비즈니스 건물과 매우 낡고 오래된 재건축 예정 아파트의 괴리감에 한 번 놀라고, 그 낡은 아파트가 서울에서 가장 비싸다는 사실에 또 한 번 놀란다는 우스갯소리가 있을 정도입니다.

국제금융 중심지로 여의도를 빠르게 개발하기 위해서는 안전진단, 정비구역지정, 조합설립인가, 사업시행인가, 관리처분인가, 착공 등의 단계를 획기적으로 줄여야 합니다. 재개발 및 재건축 사업이 빨라진다는 것은 다음 투자자로 손바꿈되는 시간이 단축된다는 뜻이기도 합니다. 즉 투자한다면 빠르게 수익을 낼 가능성이 크다는 뜻입니다. 정부 과천청사가 세종시로 이전한 후에도 과천주공아파트 일대가 투자자들에게 여전히 인기가 많은 이유는 빠른 인허가 속도 때문입니다.

수많은 부동산 인플루언서가 입지 좋은 곳의 건물이나 아파트를 사서 묵히면 언젠가는 빛을 본다고 주장합니다. 돈이 없으면 시간을 쓰라는 것입니다. 그러나 저는 언제나 "엉덩이가 무거운 투자는 절대 하지 마라"라고 강조합니다. 제2의 강남, 제2의 판교와 같은 땅을 선점하기 위해서는 해당 지역이 '현재 살기 좋은 곳'인지보다는 '인허가가 빠른 곳'인지 파악하는 것이 더 중요합니다.

물론 인허가가 빠른 곳을 쉽게 확인할 수는 없습니다. 그렇지만 현장을 보면 어느 정도 가능성을 예측해볼 수 있습니다. 이미 3장에서도 언급했지만 '되는 곳'을 한눈에 파악하려면 해당 지역에 공사가 많이 진행 중인지를 살펴보면 됩니다.

이때 인센티브가 상당히 중요합니다. 우리나라는, 특히 서울은 싱가포르나 상하이, 두바이처럼 초고밀도·초고층 건물을 짓는 것을 원칙적으로 지양합니다. 이런 원칙을 깨고 초고층 건물이 올라서고 있다면 굉장한 인센티브를 받은 곳입니다. 대표적인 곳이 바로 잠실에 있는 롯데월드타워입니다. 원칙적으로 성남비행장 고도제한이 있는 곳인데도 잠실의 위상을 높이고 사업 수익을 극대화하기 위해서 초고층 건물을 지은 대표적인 사례죠.

사실 인허가와 인센티브는 '떼려야 뗄 수 없는 관계'입니다. 롯데월드타워를 개발하기 위해서는 성남비행장 고도제한을 완화하거나 비행기의 항로를 변경해야 합니다. 원칙대로 했다면 롯데월드타워는 착공도 못 했을 수 있습니다. 해당 지역의 랜드마크로 개발하기 위해 과감한 인센티브를 부여하고 초고층으로 짓기 위해 절차를 간소화한 것입니다.

이러한 인센티브는 우선적으로 건설사에 큰 수익을 안겨줍니다. 또한 재개발 및 재건축 투자자에게도 분담금을 줄여줍니다. 그러나 자칫 인센티브를 남발하면 과도한 혜택을 부여한다는 논란이 일 수 있습니다. 따라서 그 명분을 부여하는 것이 도시기본계획상 거점이고, 그 거점에 포함된 지역만 제한적으로 인센티브를 줌으로써 논란을 피하는 것입니다.

4억 원이 18억 원이 된 이유

인센티브의 대표적인 사례가 바로 성동구 성수동입니다. 원래 성수동은 공장 말고는 지을 수 없는 땅이었습니다. 즉 '안 되는 땅'의 대표 지역이었습니다. 그러나 'IT산업·유통개발진흥지구'라는 거점으로 지정되면서 성수동은 '되는 땅'으로 변했습니다. 공장 외에도 오피스텔이나 지식산업센터를 지을 수 있도록 인허가와 인센티브를 부여한 이후 성수동의 가치는 올라가기 시작했습니다.

처음에는 낡은 공장이나 건물을 매수했던 건설사들이 급기야 재건축 사업조차 어려웠던 4억 원짜리 낡은 빌라를 18억 원에 사들이기까지 했습니다. 되는 땅으로 변하면서 평당 2억 7,000만 원까지 오르다 보니, 상대적으로 저렴한 빌라를 평당 8,000만~1억 5,000만 원에라도 샀던 것입니다. 건설사로서는 평당 2억 7,000만 원에 사는 것보다 저렴하니 협상하기 쉬웠을 것입니다.

PF대출 부실로 문제가 된 태영건설이 성수동을 쉽게 포기하지 않는 이유도 납득할 만합니다. 참고로 태영건설이 성수동에서 매수한 땅값이 평당 1억 5,000만 원 정도입니다. 그런데 이미 인근 지역의 땅이 평당 2억 7,000만 원에 실거래되었습니다. 가만히 갖고만 있다가 더 좋은 가격을 제안해올 투자자에게 매각하면 그만이라는 계산이 섰을 것입니다.

그렇다면 거점에 부여되는 인허가와 인센티브는 과연 어떻게 작용해서 수익으로 연결되는 것일까요? 우리의 투자와 관련된 내용이니, 이 부분은 집중해서 읽어주세요.

1. 용적률 인센티브

첫 번째는 용적률 인센티브입니다. 오랫동안 재개발 투자를 해온 사람이라면 공감할 내용입니다. 재개발 시 기존 용적률이 50%만 상향되어도 분담금을 줄이는 데 큰 도움이 됩니다. 그래서 많은 재개발 조합이 용적률 인센티브를 끌어올리기 위해 지자체와 끝도 없는 협상을 벌이지만 현실은 냉혹합니다. 따라서 성공하는 투자자들은 어느 지역이 용적률 인센티브를 적극적으로 높여주는지를 파악하고, 그런 지역에서도 사업성이 좋은 매물을 집중적으로 매수합니다.

기존보다 훨씬 높게 건물을 지을 수 있게 되면, 건설사로서는 분양이익이 늘어납니다. 또한 많은 사람이 트리마제나 래미안 첼리투스와 같은 초고층의 고급 아파트를 선호하기 때문에 분양을 시작하면 인기도 좋은 편입니다. 정리하자면 재개발 및 재건축 조합원으로서는 분담금이 적어질 뿐 아니라 환급금을 받을 수 있고, 건설사로서는 분양이익이 증가합니다. 이렇게 공급된 신축 아파트는 많은 수요자에게 선망의 대상이 됩니다.

2. 건축법상 규제 완화

두 번째는 건축법상의 제한들이 완화되는 것입니다. 혹시 꼬마빌딩이나 전원주택을 직접 한번 지어보겠다고 공부해본 분이 있을까요? 큰마음 먹고 이런 시도를 해도 끝내 포기하는 경우가 많은데, 내가 내 집을 짓는데도 건축법상 제한이 너무나 강력하기 때문입니다.

오피스텔이나 아파트를 지으면 일조권 침해 방지, 주차장 설치, 녹지 조성 등의 제한이 더 엄격하게 적용됩니다. 이를 위반하면 어떻게 될까요? 공사를 완료했다고 해도 입주 자체를 허용해주지 않습니다. 김포 공항 고도제한을 위반한 지역주택조합 아파트가 대표적인 예입니다.

그러나 거점은 건축법상 규제를 완화해 사업 속도를 높일 뿐 아니라 입주 절차를 간소화합니다. 특히 대부분의 건설사가 대출에 의존해 사업을 진행한다는 점을 생각하면, 시간 또한 돈이기 때문에 매우 중요한 혜택이라고 할 수 있습니다.

3. 대출 인센티브

세 번째는 대출 인센티브입니다. 용적률 인센티브와 마찬가지로 가장 중요한 부분이라고 할 수 있는데요. 기본적으로 거점에는 건축비에 대한 대출 인센티브가 부여됩니다. 건축비 대비 최대 100% 대출이 가능하며, 대출에 대한 이자마저 별도의 대출이 제공됩니다. 보통의 경우

건축비 대비 50~80% 수준의 대출만 가능하다는 점과 비교하면 매력적인 인센티브입니다.

대신 거점에는 권장 업종이 명확히 정해져 있습니다. 가령 도시기본계획상 의료·바이오 거점인 경우 병의원을 신축할 때만 대출 인센티브를 주는 식으로 제한을 두기도 합니다. 그런데도 수많은 건설사가 PF 대출을 감행하는 이유는 대출 인센티브와 함께 용적률 인센티브, 건축법상 규제 완화 등이 제공되기 때문입니다. 건설사들은 이것들을 활용해 분양 시 수익을 극대화하려 합니다.

4. 미분양 매물은 정부가 책임진다

건설사가 리스크를 안고 사업을 시작한 만큼 미분양이 발생할 수 있습니다. 정부와 각 지자체를 믿고 거점 개발 사업에 뛰어들었으나 100% 성공하리라는 보장은 없습니다. 정부와 지자체가 건설에 대한 인센티브와 인허가 혜택만 제공하고 이후의 수익까지 보장해주지 않는다면 요즘과 같은 하락장에서 건설사들은 위험한 개발 사업을 떠안으려고 하지 않을 것입니다.

그렇다면 정부는 미분양 매물을 어떻게 책임질까요? 거점에서 발생한 미분양 물량은 공공예산으로 매입합니다. 그다음 청년주택, 신혼희망타운 등의 임대주택으로 재공급합니다. 건설사로서는 리스크를 줄일 수 있고, 정부나 지자체로서는 거점을 더욱 공격적으로 개발할 수 있는 것입니다. 그 결과 최근에는 DL건설, 현대건설 등 내로라하는 1

군 건설사들마저 재개발 및 재건축 사업에서 손을 떼고 오피스텔 사업에 집중하는 추세입니다.

이러한 인허가 및 인센티브 혜택 덕분에 건설사들이 앞다투어 사업할 땅을 매입하는 것입니다. 경쟁이 붙으면 보다 자금력이 있는 건설사가 더 좋은 매물을 매수하고, 그 결과 단기간에 땅값이 오르게 됩니다.

중랑구는 서울시의 25개 자치구 중에서 땅값이 거의 꼴찌입니다. 중랑구는 투자자들에게도, 실거주자들에게도 매우 낯선 지역입니다. 대표적인 인구 밀집 지역으로는 상봉역과 상봉터미널이 있는데, 모텔 상권과 유흥업소들이 즐비해 한눈에 보기에도 거주환경이 열악합니다.

서울시와 중랑구는 이런 환경을 개선하는 데 많은 노력을 기울였습니다. 물론 그 노력이 처음부터 잘되지는 않았습니다. 중랑구는 2008년에 대규모로 재개발 사업을 추진했지만, 뉴타운에서 대거 해제되면서 첫 번째 기회를 놓쳤습니다. 그러나 2018년에 2030서울생활권계획을 수립하고 해당 지역을 거점으로 지정하자, 건설사들이 낡은 모텔들과 유흥업소들을 사들이기 시작했습니다. 건설사들이 경쟁하듯 상봉역과 상봉터미널 일대를 넘보기 시작하면서 급기야 평당 1억 원을 넘게 되었습니다. 상봉역과 상봉터미널 땅값이 올라가자 과거에 해제되었던 재개발 사업을 다시 추진하자는 움직임이 생기기 시작했습니다.

거점의 땅값이 올라가면 신축 아파트의 분양가가 올라가고, 인근 지역의 재개발 사업에서도 분담금을 납부하기보다는 오히려 환급금을 받을 가능성이 커지게 됩니다. 실제로 신속통합기획이나 모아타운과 같은 새로운 재개발 사업이 상봉역과 상봉터미널을 중심으로 확대되고 있습니다.

이처럼 거점을 잘 파악해야 빠르게 수익을 낼 수 있습니다. 거점을 파악하기 위해서는 도시기본계획을 잘 해석해야 합니다. 이를 잘 활용하면 우리도 효율적인 투자, 잃지 않은 투자를 할 수 있습니다. 지금부터 도시기본계획 속에서 돈이 될 정보를 찾는 기술인 제2원칙을 설명하겠습니다.

5장
—

[제2원칙]
투자 근거는
도시기본계획 원문이다

제2원칙의 핵심은 도시기본계획 원문을 해석할 수 있어야 한다는 것입니다. 원문을 해석하는 일이 일반인들에게는 어렵겠지만, 그렇다고 아예 불가능하지도 않습니다. 본업이 부동산과 관련 없는 직장인도 가능하고 가정주부도 가능합니다. 공부와 담을 쌓은 지 오래된 은퇴 세대도 가능합니다. 새로운 지식 습득이 빠른 2030 세대도 물론이고요.

도시기본계획을 돈으로 바꾸는 기술을 소개하기에 앞서서, 그것을 알면 얼마나 수익을 낼 수 있는지 좋은 사례를 소개하겠습니다. 참고로 저에게 투자를 배운 투자자가 직접 해낸 사례입니다.

서울시는 신축 빌라들이 난립해서 대대적인 재개발은 불가능하지

그림 1-6

2022년 4월 22일, 오세훈 서울시장이 방문한 중랑구 면목동 모아타운 구역도.
출처: 서울시 보도자료 〈재개발 어려운 저층주거지 新정비모델 '오세훈표 모아주택' '26년까지 3만호'〉

만, 좁은 골목길, 심각한 주차난, 화재 취약성 등을 해결하기 위해 소규모로 재개발을 진행하는 '모아타운' 사업을 운영하고 있습니다. 지난 2022년 4월 22일에는 오세훈 서울시장이 중랑구 면목동의 모아타운 시범사업지를 방문했습니다. 이후 순식간에 시세가 오르는 효과가 발생했습니다.

그 결과 단 5일 만에 직장인 평균 연봉 이상의 수익을 올렸습니다. 오세훈 서울시장이 해당 지역을 방문하기 전에 우리가 진작 이런 곳을 알았다면 얼마나 좋았을까요? 물론 그럴 수 있었습니다. 서울시의 도시

그림 1-7

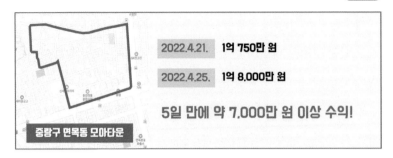

출처: 국토교통부 실거래가

기본계획만 보았다면 해당 지역이 모아타운으로 지정될 근거들을 충분히 찾아냈을 것입니다.

당연히 처음에는 어렵습니다. 도시기본계획을 가득 채운 각종 용어가 낯설기 때문입니다. 그러나 시간문제일 뿐, 용어들에 친숙해지고 꾸준히 공부한다면 독해력을 얼마든지 높일 수 있습니다. 저와 함께 공부하면서 어려운 여건 속에서도 실력을 갈고닦아 전문가 수준으로 성장한 분들도 많습니다.

재개발 가능성을 열어둔 단서 찾기

2024년 1월, 구로구의 개봉동 49번지 일대가 신속통합기획 대상지로 선정되었습니다. 제게 지도받은 한 투자자가 해당 지역을 정확히 예상했습니다. 어떻게 그럴 수 있었는지 비밀을 공개하겠습니다.

개봉동 49번지를 콕 짚은 분은 부동산 업계와 상관없는 분야에 종사하고 있는 평범한 맞벌이 주부입니다. 이 투자자는 두 차례 암과 싸우며 생사를 넘나든 이후 부동산에 투자해야겠다고 결심했습니다. 여러 부동산 강의를 수강했으나, 저의 강의를 수강하고 나서야 도시기본계획을 깊게 파고들기 시작했습니다. 건강 악화와 미래에 대한 불안감에서 시작한 부동산 공부가 이분을 강하게 만들었고 마침내 제가 인정하는 실력자가 되었습니다.

이제부터 이분이 어떻게 개봉동 49번지에서 재개발의 실마리를 발견했는지 추적해보겠습니다.

1. 도시기본계획상 거점 파악하기

우선 개봉동 일대의 거점을 파악해야 합니다. 개봉동 일대의 거점은 '오류지구중심'입니다. 오류동역 주변에 무분별하게 들어선 노후 건물들을 계획적으로 정비해서 청년들을 위한 주택을 보급하는 것이 핵심 내용입니다.

그러나 이것만으로는 개봉동 49번지와의 연관성이 부족해 보입니다. 거점으로 지정되었어도 계획은 계획으로만 끝날 수 있기 때문입니다. 심할 경우에는 계획 상태에서 10년 이상 정체된 곳도 많기 때문에 최근 사례를 잘 분석해야 합니다.

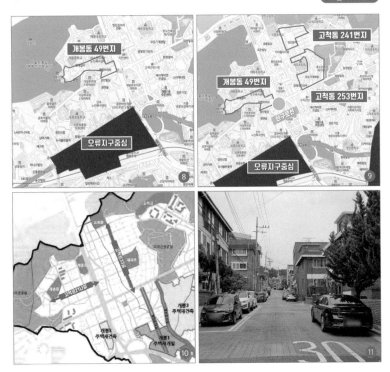

그림 1-8~1-11

[그림 1-8] 도시기본계획상 거점 파악하기.
[그림 1-9] 최근 개발 상황 파악하기.
[그림 1-10] 도시기본계획 원문 분석하기.
[그림 1-11] 임장하기.

2. 최근 개발 상황 파악하기

우선 최근의 고시문이나 정치인이 관심을 보이는 이슈를 살펴보겠습니다. 구로구의 전략 사업 중 하나는 신구로선 개발입니다. 이 중 유력한 역세권으로 손꼽히고 있는 곳이 개봉1동 사거리입니다.

그러나 사실 신구로선 개발은 추진력을 잃고 좌초될 수도 있습니다. 따라서 개봉1동 사거리 주변에 실제로 어떤 움직임이 있는지 조사할 필요가 있습니다. 조사했더니 고척동 241번지 일대가 모아타운으로 지정되었고, 고척동 253번지 일대가 신속통합기획 대상지로 지정되었습니다.

정리하면 신구로선은 확정된 노선은 아니지만, 개봉1동 사거리 주변으로 이미 두 개의 새로운 재개발 대상지가 선정되었다는 사실을 확인했습니다. 그렇다면 오류지구중심이라는 거점을 육성하기 위해서는 해당 거점의 유동 인구를 대폭 늘릴 대규모 아파트 단지도 개발해야 합니다. 그 기준에 적합한 후보지로 개봉1동 사거리 주변을 주목했다고 유추할 수 있습니다.

3. 도시기본계획 원문 분석하기

재개발 투자에서 보물지도와 같은 도시기본계획 원문은 '2025 서울특별시 도시·주거환경정비기본계획'과 '2030서울생활권계획'입니다. 2025 서울특별시 도시·주거환경정비기본계획은 개봉중학교의 통행로가 되는 고척로21나길의 보행 환경을 개선하라고 명시하고 있습니다. 2030서울생활권계획은 매봉산 일대의 구릉지 경관을 고려한 저층 주거지 정비 방안을 추진한다고 명시하고 있습니다.

우리가 특히 주목해야 할 재개발의 단서는 바로 "고척로21나길 보행

환경을 개선하라"라는 문구입니다. 주변에 온통 노후화된 저층 주거지들이 밀집되어 있는데, 어떻게 보행 환경을 개선할 수 있을까요? 가장 효율적인 방법은 바로 재개발입니다.

4. 현장 임장하기

마지막으로 임장을 가야 합니다. 도시기본계획 원문에서 "보행 환경을 개선하라"라고 명시한 곳은 차도와 보도가 분리되지 않아 학생들이 통학하는 데 불편할 가능성이 매우 큽니다.

또한 실제로 재개발 추진 움직임이 있는지도 살펴보면 좋습니다. 해당 지역을 조사한 결과 신속통합기획 추진 움직임은 있었지만 현지 부동산에서는 긍정적으로 전망하지 않았습니다. 오히려 다른 지역의 매물이 더 유망하다고 추천하는 경우도 있었습니다.

다시 한번 강조하지만 제2원칙에서 가장 중요한 것은 도시기본계획 원문 분석입니다. 그 분석을 철저히 해야 임장에서 얻는 정보의 질이 달라집니다.

제가 이 투자자의 사례를 소개한 이유는 누구나 도시기본계획 원문을 분석할 수 있다는 것을 보여주고 싶기 때문입니다. 건강과 육아, 직장 세 가지를 모두 신경 써야 하는 상황 속에서도 천천히, 꾸준히 1년이라는 시간을 투자한 결과 실력이 높아졌던 것입니다.

6장

[제3원칙]
사업성을 직접 검토하라

재개발 및 재건축 투자를 목적으로 한다면 사업성 분석은 기본 중의 기본입니다. 그러나 이를 실제로 계산할 수 있는 사람은 사실 많지 않습니다. 이건 감정평가사 수준의 지식이 필요하므로 일반 투자자 중에서는 극소수만 가능합니다.

그런데도 저는 투자로 큰 성과를 내고 싶다면 사업성 계산은 필수라고 가르칩니다. 사업성을 계산할 줄 안다면 남들보다 좋은 매물을 선점할 가능성이 커지기 때문입니다. 특히 윤석열 정부에 이르면서 정비사업 초반에 해당 사업지의 추정 사업성(추정 비례율, 추정 분담금)을 공개하도록 의무화하고 있습니다. 따라서 사업성을 계산할 수 있다면 남들보다 빠르게 되는 곳을 선점할 수 있습니다.

정상적인 사고를 가진 투자자라면 사업성이 좋은 재개발 및 재건축 단지에 투자합니다. 반대로 사업성이 좋지 않다는 것이 초반부터 증명되면, 아무리 추진위에서 "지자체와 협상해서 용적률을 늘리고 분담금을 줄이겠다!"라고 호언장담하더라도 투자자들은 떠나고 파리만 날릴 것입니다.

그렇다면 사업성을 대략적으로라도 파악할 수 있는 방법은 없을까요? 확실하지는 않지만 추정할 수 있는 방법이 있습니다.

용도지역과 종상향

많은 사람이 용적률로 사업성을 판단합니다. 즉 현재 용적률이 낮으면 무조건 좋다고 생각하는데, 사실 그렇지 않습니다. 사업성을 따질 때 이것보다 더 중요한 것은 땅의 용도입니다.

서울을 기준으로 '제2종 일반주거지역'이면 재건축 시 용적률을 최대 250%까지 높일 수 있습니다. 반면 '제3종 일반주거지역'이면 최대 300%까지 높일 수 있습니다. 따라서 용적률이 160%인 제2종 일반주거지역 아파트보다는 180%인 제3종 일반주거지역 아파트가 재건축 사업성이 더 좋습니다. 전자는 용적률을 90%만 더 높일 수 있지만, 후자는 120%나 더 높일 수 있기 때문입니다.

재개발 및 재건축 사업에 투자하다 보면 사람들을 속여서 이익을 취하는 이들을 만나곤 합니다. 레퍼토리도 하나같이 비슷합니다.

"강남 OO 아파트의 조합장을 해봤다."
"내 친구가 서울시 주거정비과 고위직 공무원이다."

이런 말로 사람들을 현혹하고 달콤한 제안을 합니다.

"저를 조합장으로 뽑아주시면 고도제한을 철폐해서 35층 이상의 명품 아
파트를 만들겠습니다!"

그러나 서울시 등 광역자치단체에서 종상향을 허가받는 일은 무척
어렵습니다. 몇몇 선동가에 의해 추진되던 재개발 및 재건축 사업이 허
무하게 무너지는 이유입니다. 물론 종상향 자체가 불가능한 것은 아닙
니다. 서초동의 진흥아파트는 원래 제3종 일반주거지역이었지만, 강남
도심 거점에 포함되었기 때문에 2023년 7월 14일에 '준주거지역'으로
종상향이 되었습니다. 어느 사업지의 종상향이 쉬운지, 어려운지 파악
할 수 있다면 효율적인 투자가 충분히 가능합니다.
일반적으로는 상업지역이 시세를 이끌고, 배후의 주거지역이 시세
를 따라갑니다. 아무리 강남3구 아파트가 비싸다고 해도 건물 가격과
비교하면 턱없이 쌀 수밖에 없습니다.
왜 그럴까요? 상업지역의 땅은 무궁무진한 가치 창출이 가능합니다.

가만히 있어도 월세 수익이 매달 나올 뿐 아니라, 개발 사업을 시작하면 가장 입지 좋은 신축 아파트를 올릴 수도 있습니다. 연예인들이 아파트보다는 땅이나 건물에 투자하는 이유입니다.

하락장이 되면 어떻게 될까요? 상권이 무너지면 그 빈자리를 새로운 개발 사업이 메꿉니다. 대표적인 예가 이대역세권입니다. 그곳의 상권은 전성기에 비해서 처참하게 망가지고 있지만, 반대로 오피스텔 개발 사업은 어마어마한 규모로 진행 중입니다. 그 결과 상권은 망했는데 땅값은 더 올라가는, 심지어 평당 1억 원에 실거래되는 사례까지 발생했습니다.

따라서 땅값은 상업지역이 제일 비싸고, 그다음이 준주거지역, 그다음이 일반주거지역 순으로 서열화되어 있습니다. 반대로 떨어질 때는 역순으로 일반주거지역의 땅값이 가장 먼저 떨어지고, 그다음이 준주거지역, 그다음이 상업지역 순으로 떨어집니다.

사람들이 "가장 저평가된 부동산은 무엇일까요?"라고 물으면 저는 "상업지역에 있는 낙후된 주택입니다"라고 보통 답합니다. 상업지역이기 때문에 가치 창출은 무궁무진할 수 있지만, 주택으로 거래되고 있는 탓에 가격이 터무니없을 정도로 낮기 때문입니다.

실거주자들은 역세권 상업지역에 초고층 빌딩이 세워지는 것을 별로 좋아하지 않습니다. 일조권 침해 문제도 있고 인구가 늘어나면 정온한 환경이 깨지기 때문입니다. 그러나 초고층 주상복합 아파트가 많아지면 분양가가 올라가기 때문에 인근의 재개발 및 재건축 투자자에게는 사업성이 개선된다는 점에서 큰 장점이 될 수 있습니다.

부동산 고르는 기준

윤석열 정부 기간에는 규제 완화 대책이 계속해서 나올 가능성이 큽니다. 물론 사업성이 좋은 매물만 각광받을 것입니다. 그나마 다행스러운 점은 매물의 사업성이 좋을수록 우리의 경쟁자들도 알아보기 어려워한다는 것입니다.

이미 아시겠지만 온갖 호재(강남 가는 역세권, 양질의 학군, 고급 쇼핑몰, 대기업 일자리)가 쏟아져도 하락장에서는 절대 빛을 볼 수 없습니다. '단지 내에 외제차가 많은지', '아파트 입구에 차단기가 있는지', '로열층/로열동은 어떤 차이가 있는지' 등은 핵심에서 벗어난 정보입니다.

현명한 투자자라면 재개발 및 재건축의 사업성을 계산할 수 있어야 합니다. 계산할 수 없더라도 '해당 지역의 용도가 좋은지', '지자체장이 밀어주는 거점인지', '현재는 용도지역이 좋지 않더라도 여러 정황상 종상향을 쉽게 받을 수 있는지' 정도는 직접 검토하고 판단할 수 있어야 합니다.

저는 지금까지 세 가지 원칙을 설명했습니다.

·[제1원칙] 도시기본계획상 '거점'을 찾는다.
·[제2원칙] 도시기본계획의 '원문'을 잘 분석한다.

·[제3원칙] '사업성'을 검토한다.

지금까지 공부한 것을 토대로 마음먹고 실행하려고 해도 가장 걱정되는 부분이 있을 것입니다. 그것은 바로 가격입니다.

"지금 이 가격에 사도 되는가?"
"지금보다 더 떨어지는 것은 아닐까?"
"지금 투자하면 과연 얼마나 수익이 날까?"

이런 고민들이 생길 것입니다. 결국 이 책의 핵심 내용이기도 한 **'적정가를 판단하는 방법'**이 필요합니다. 적정가를 왜 알아야 할까요? 성공한 투자자들은 공통적으로 '기계적인 매수와 기계적인 매도'를 강조합니다. 우리가 투자에 실패하는 이유는 '감정적인 매수와 감정적인 매도'를 하기 때문입니다. 애초에 적정가에 진입하지 못했기 때문에 수익은 미비하고 손실이 클 수밖에 없습니다.

'적정가'에 매물을 살 수 있으면 가장 이상적이겠지만, 사실 이를 실행할 수 있는 사람은 많지 않습니다. 제가 지도하는 투자자 가운데 이 원리까지 터득하신 분은 얼마 없습니다. 그래서 이 책에 최대한 자세히 풀어낼 것입니다. 이를 읽고 내 것으로 잘 만든다면 자녀와 손주가 홀로서기를 할 때 많은 도움을 줄 수 있을 것이라고 감히 자신합니다.

2부

그래서, 얼마에 사야 하나요?

: 스스로 계산하는 적정가

7장

적정가는 '최저가'가 아니다

'더 큰 바보 이론'을 들어본 적이 있습니까? 경제학자인 존 메이너드 케인스John Maynard Keynes가 제시한 개념입니다. 가격 상승에 대한 기대감으로 자산을 실제 가치보다 높은 가격에 구매한 '바보'에게 '더 큰 바보'가 나타나 다시 한번 자산을 구매해줄 것이라고 믿는 현상입니다.

부동산에 적용하면 "수요에 비해 공급이 계속 부족하므로 부동산은 무조건 오를 것이다"라는 근거 없는 믿음에 해당하는데, 일종의 '버블'이 생긴 것과 같은 상황입니다.

상승장에는 못난이 매물도 나보다 더 바보에게 파는 게 쉽습니다. 연일 오른다는 뉴스에 자극받아 뭐 하나라도 사려고 나선 사람들이 많기 때문입니다. 반면에 하락장에 남은 사람들은 대부분 전업 투자자입니다. 이들을 상대하는 것은 쉽지 않습니다. 어설프게 접근했다가는 오히려 당할 수 있습니다. 사실 투자가 체질에 맞지 않는 사람들은 하락장에서 쉬는 게 나을 수 있습니다.

투자자에게는 '인내'가 중요하다

많은 사람이 최저가에 투자해서 최고가에 매도하고 싶을 것입니다. 그러나 어떤 사람도, 어떤 전문가도 최저가가 정확히 얼마인지 제시할 수 없고 실제로 최저가에 매수할 수도 없습니다. 마찬가지로 최고가에 매도하는 것도 불가능한 영역입니다. 아무리 ChatGPT 등의 AI가 발달하더라도 투자 시장에서의 최저가와 최고가를 진단하는 것은 영원한 난제이지 않을까 싶습니다.

그러나 여전히 많은 사람이 최저가에 투자해서 아무 생각 없이 쥐고만 있어도 조정 없이 무한 상승하기를 원합니다. 하락장에서 대중은 부동산 가격이 지금보다 더 떨어지길 바라고 있을 것입니다. 그렇다면 이들은 최저가에 매물을 매수할 수 있을까요?

주식이나 암호화폐 투자의 고수라고 해도 최저가와 최고가를 매번 예측할 수 없습니다. 미래를 예측하는 것 자체가 신의 영역이기 때문에 '분할 매수와 분할 매도'로 대응합니다. 하지만 투자하다 보면 탐욕과 공포가 나를 지배하기 때문에 원칙을 지키기 어려울 때가 많습니다.

그림 2-1

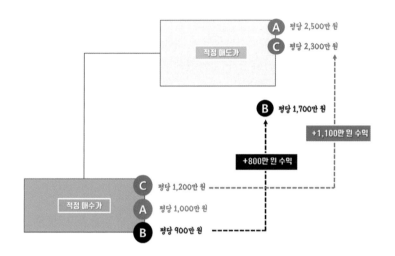

부동산 황금가격은 '최저가'에 매수하라는 의미가 아닙니다

    그런데 부동산은 분할 매수와 분할 매도가 가능할까요? 일단 가격이 정해지면 그 가격으로 완전히 고정되기 때문에 불가능합니다. 바꿔 말해 분할 매수와 분할 매도가 가능한 주식이나 암호화폐 같은 종목도 최저가에 매수해서 최고가에 매도할 수 없는데, 하물며 부동산에서는 더욱 불가능한 일입니다.

    가령 같은 브랜드의 아파트라도 A는 평당 1,000만 원에, B는 평당 900만 원에, C는 평당 1,200만 원에 매수할 수밖에 없습니다. 표면적으로 C는 B와 비교해 평당 300만 원이나 손해 본 것처럼 보입니다.

그러나 A는 평당 2,500만 원에, B는 평당 1,700만 원에, C는 평당 2,300만 원에 매도했다고 한다면, 결과적으로 C는 B보다 효율적으로 투자한 것입니다. 그러나 C가 그 가격에 매도하기 위해서는 다음 매수자가 나타날 때까지 기다리고 협상력을 키우는 등의 인내와 노력이 필요합니다.

부동산 황금가격은 최저가가 아니다

제가 말하는 '부동산 황금가격'은 부동산을 최저가에 사는 방법이 아닙니다. 하락장이 마무리되면 그때 가장 저렴해 보이는 매물을 사면 된다고 생각할 수 있지만, 진짜 크게 오를 수 있는 매물들은 이미 고수 중의 고수, 전업 투자자들이 선점했을 가능성이 큽니다.

따라서 부동산 황금가격은 반드시 수익을 낼 수 있는 가격이자, 매수자가 감당할 수 있는 수준의 저가입니다. 부동산은 주식이나 암호화폐처럼 분할 매수가 어렵기 때문에 더욱 큰 인내심이 필요합니다. 바로 다음 날에 내가 산 가격보다 평당 200~300만 원 더 저렴한 매물이 나올 수도 있습니다. 반 토막 이상 폭락한 매물이 나온 게 아니라면 이런 일에 둔감해지는 것이 매우 중요합니다. (하락장에서는 반 토막 나는 매물이 실제로 나올 수 있습니다. 다만 이런 매물들은 특수 거래일 확률이 높기 때문에 반값 급매물이 시장에 나올 가능성은 희박합니다.) 다른 거래 가격을 통제하는 것

은 불가능합니다. 그보다는 잘 파는 데 집중하는 것이 현실적이고 효율
적입니다.

8장

부동산 황금가격(적정가)에 매수하라

부동산 황금가격을 왜 알아야 할까요? 사실 적정가를 모르더라도 투자가 가능합니다. 실제로 많은 투자자가 그렇게 하고 있습니다. 다만 더 큰 바보들이 넘쳐나는 대상승장 같은 경우에만 가능합니다. 하지만 대상승장 사이클은 약 10년 주기로 오기 때문에 오래 기다려야 합니다.

투자를 10번 해서 10번 다 성공하기는 어렵습니다. 그러나 1부에서 제시한 세 가지 원칙만 잘 숙지해도 여섯, 일곱 번은 성공할 수 있습니다. 나머지 서너 번마저 성공하고 싶다면, 그것도 최소 비용과 시간을 들이고 싶다면 반드시 적정가를 판단할 수 있어야 합니다.

부동산을 공부하다 보면 결국 투자로 이어져야 한다는 걸 깨닫게 됩니다. 그래서 내가 아는 정보를 최대한 취합해서 매물을 찾아보게 됩니다. 이런 과정을 반복하면 실제로 **진짜 좋아 보이는 매물**(실제 좋은 매물인지는 의문이지만)을 발견하게 됩니다. 문제는 이런 고민일 것입니다.

"싸게 사는 것이 맞나?"

"거품이 낀 것은 아닐까?"

"여기서 더 오를까?"

"오른다면 얼마나 더 오를까?"

예를 들면 용산구 이촌동의 래미안 첼리투스 50평형이 2023년 11월 기준 50억 원 정도였습니다. 그런데 같은 용산구의 실투자금 1억 원짜리 초기 재개발 매물을 소개받았다고 합시다(가상의 매물입니다). 이를 3원칙에 따라 분석했더니 다음과 같습니다.

·[제1원칙] 도시기본계획상 '거점'을 찾는다. → 용산광역중심과 바로 인접.

·[제2원칙] 도시기본계획의 '원문'을 잘 분석한다. → 재개발 사업 시 최고높이 120m 허용.

·[제3원칙] '사업성'을 검토한다. → 기존 100세대에서 500세대로 증가할 예정.

·결론: 50억 원짜리 아파트가 될 수 있는 곳을 단돈 1억 원에 투자할 수 있다고?

그러나 막상 투자하다 보면 생각지 않은 변수가 발생하게 됩니다. 특히 내가 매수할 매물의 매도자가 '악의를 품은 사람'이라면 이야기가 완전히 달라집니다. 이들은 부동산에 무지한 사람들이 볼 때 너무나도 매력적인 가격으로 매물을 준비합니다. 대표적으로 재개발 신축 빌라나 지분을 심각하게 쪼갠 단지 내 상가가 그런 매물입니다.

상승장 때는 이런 매물들이 티가 나지 않습니다. 내가 아무리 비싸게 샀어도 더 큰 바보들이 시장에 많기 때문입니다. 그러나 하락장 때는 더 큰 바보들이 없기 때문에 금방 티가 납니다. 언론이 연일 쏟아내고 있는 역전세 소식이 바로 그 증거입니다.

악의를 품은 사람들은 여러 가지 모습을 띕니다. 유명한 인플루언서의 모습일 수도 있고, 투자상담사 같은 전문가를 자처할 수도 있습니다. 최근에는 '100억 자산가', '경제적 자유인'이라는 그럴듯한 수식어를 내세우기도 합니다. 많은 사람이 경제 공부를 소홀히 하고, 스피커의 사회적 지위와 자산으로 실력을 평가하기 때문에, 그들이 설계한 악질 매물에 쉽게 속아 전 재산을 잃는 일이 종종 발생합니다.

매매가, 갭가격보다는 평당가로 분석하라

제가 지도할 때 반드시 투자하지 말아야 할 부동산 매물로 꼽는 것이 재개발 신축 빌라와 지분이 쪼개진 구분 상가입니다. 이런 매물들에 투자하면 안 되는 이유는 매매가 자체는 저렴해 보여도 결과적으로 남들보다 훨씬 비싸게 살 수밖에 없기 때문입니다. 다음 두 가지 매물을 예로 들어보겠습니다.

·1번: 구축 빌라 - 매매가 9,000만 원, 전용면적 12평, 전세가 5,000만 원

·2번: 신축 빌라 - 매매가 2억 원, 전용면적 8평, 전세가 1억 8,000만 원

갭을 따졌을 때 2,000만 원만 있어도 살 수 있는 2번이 4,000만 원이 필요한 1번보다 더 저렴해 보일 뿐 아니라, 신축 빌라는 구축 빌라에 비해 관리하기도 쉽습니다. 그러나 평당가로 다시 환산하면 1번은 전용면적 기준 평당 750만 원이지만, 2번은 전용면적 기준 평당 2,500만 원이나 합니다. 상승장이거나 사업 속도가 빠른 재개발이면 1번과 2번 모두 오르기 때문에 크게 티가 안 나지만, 하락장에서 2번은 매우 큰 위기에 빠질 수 있습니다. 인위적으로 평당가를 높였기 때문에(즉 갭가격을 낮추었기 때문에) 하방 압력이 강해지고 터무니없는 가격으로 떨어지기 십상입니다.

따라서 매매가와 갭가격에 의해 왜곡된 가격을 기준으로 적정가를 파악해선 안 됩니다. 평당가를 기준으로 적정가를 파악해야 합니다. 단 초기 재개발 및 재건축 매물은 프리미엄이 크게 붙지 않았기 때문에 대지지분 기준 평당가가 아니라 실평수 기준 평당가로 파악해야 합니다.

상업지역의 가격 원리

1부에서 상업지역의 땅값이 제일 비싸다고 설명했습니다. 그런데 상업지역 땅값에는 어마어마한 비밀이 있습니다. 바로 주변의 재개발 및 재건축 사업지와 신축 아파트 시세에 큰 영향을 미친다는 것입니다.

예를 들어 신용산역(용산광역중심)에 평당 1억 2,000만 원으로 실거래된 노후 건물이 있다고 합시다. 이 건물을 매수한 사람은 누구일까요? 리모델링을 거쳐 다시 상가로 활용할 수도 있지만, 디벨로퍼일 가능성이 가장 큽니다. 실제로 현재 개발 중인 '국제빌딩 주변 제5구역 도시정비형 재개발 사업(용산 호반써밋 에이디션)'의 경우 평당 1억 원 정도에 토지를 매입하고 있습니다.

용산구의 매입 사례를 살펴보면 평당 2억 원까지 실거래되기도 했습니다. 이처럼 매입 가격이 올라가면 앞으로 지어질 신축 아파트의 분양가도 올라갈 수밖에 없습니다. 분양가가 상승하면 당연히 인근 재개발 및 재건축 사업지의 사업성도 개선될 뿐 아니라 주변의 건물 가격을 추종하기까지 합니다. 실제로 2022년 11월 29일 관리처분인가를 받은 이촌동 한강맨션은 31평형이 2023년 10월 4일 기준 평당 1억 2,839만 원(매매가 39억 8,000만 원)을 기록했는데, 이는 용산구에서 최근 3년간 거래된 빌딩 시세의 약 80%에 달합니다.

결국 내가 보유한 아파트의 시세, 재개발 및 재건축 매물의 시세가 어떻게 될지 알려면 상업지역 시세부터 알아야 합니다. 이 기준에 따라 제가 저평가된 지역으로 꼽고 있는 곳은 바로 '노도강(노원구, 도봉구, 강북구)'입니다. 건물의 매입 가격만 본다면 평당 1억 4,000만 원이나 1억 2,000만 원으로 용산구와 크게 차이가 나지 않기 때문입니다.

그렇다면 거점 상업지역의 땅값은 누가 정할까요? 건물을 비싸게 매수하는 주체는 누구일까요? 보통 개인은 아닙니다. 대개 기업이나 법인에서 매수합니다. 그럼 기업에서 건물을 매수할 때 가격을 어떻게 판단할까요? 그냥 회장님의 감으로 판단할까요?

기업이나 법인은 전문업체에 컨설팅을 의뢰합니다. 그러면 전문업체는 복수의 감정평가법인에 적정가를 문의하게 됩니다. 감정평가사들이 작성한 감정평가서는 공신력을 인정받고 PF대출에 반영되며 건물의 가격을 결정하게 됩니다.

결국 적정가를 정확히 판단할 수 있는 사람은 감정평가사입니다. 감정평가서는 건물의 매매가에 반영되기 때문에 신뢰성이 상당한 데이터일 뿐 아니라, 해당 지역 아파트들의 예상 고점까지 판단할 수 있는 기준이 됩니다. 제가 컨설팅 전문업체에 몸담고 있던 시절 큰 깨달음을 주신 분들이 있었습니다. 당시 저는 컨설턴트로서 돈이 될 만한 매물을 찾아 고객에게 설명하는 업무를 맡았습니다. 회사에는 감정평가 부문이 별도로 있었는데, 이곳에서 제가 찾은 매물의 적정가를 판단해주었습니다. 그러면서 함께 일하던 감정평가사들과 서로의 정보를 공유하면서 부족한 부분을 채워나갔습니다. 당시에 제가 배웠던 부분을 공유하고자 합니다.

1. 하나의 거점이 있다면, (개발에 의해서) 땅값은 거점의 중심부부터 오르기 시작한다.

2. 거점의 중심부는 일반적으로 상업지역이다.

3. 그래서 땅값은 상업지역부터 오른다고 해도 맞는 표현이 된다.

4. 상업지역의 땅값이 오르면 배후 주거지(아파트, 빌라, 단독주택 등)에 영향을 미친다.

5. 땅값이 하락할 때는 배후주거지부터 하락하고, 상업지역이 가장 마지막에 조정받는다.

6. 그래서 부동산 중에서 가장 안전한 자산은 상업지역이고, 그중에서도 대장 매물은 건물이다.

7. 이 때문에 진짜 부자들은 건물에 투자한다.

8. 결국 내가 매수한 신축 아파트, 재건축 및 재개발 매물의 시세를 결정하는 것은 거점 중심부인 상업지역이다.

9장
큰손이 좋아하는 부동산

감당할 수 있는 가격에 매수해서 적정한 가격에 매도하면 수익을 낼 수 있습니다. 상업지역 땅값을 알면 현재 기준 해당 지역의 미래 가격을 예상할 수 있습니다. 그래서 이론적으로 상업지역에 투자했을 때 가장 고가에 팔 수 있는 것입니다.

큰손들이 거점 중에서도 상업지역을 선호하는 이유는 빠르게 개발해서 큰 수익을 얻을 수 있기 때문입니다. 이들은 막대한 자금을 쏟아부어 이런 땅을 마구잡이로 사들일 수 있습니다. 그런데 우리와 같은 일반인들은 공동투자를 하지 않은 이상 주상복합 아파트를 지을 큰 땅을 살 수 없습니다. 게다가 서울만 하더라도 상업지역은 압도적으로 적습니다.

만약 내가 관심 있는 지역에 상업지역이 없으면 어떻게 해야 할까요? 그리고 만약 저렴한 가격에 거점으로 지정된 곳의 매물을 매수했다고 하더라도 진짜 고가에 팔 수 있을까요?

큰 형님(상업지역)이 없으면 작은 형님이 대장이다

서울에서 핫한 부동산을 꼽자면 성수동이 대표적입니다. 아파트 투자자들이 선호하는 '마용성(마포구, 용산구, 성동구)' 중 한 곳이기도 하고, 특히 성수동 카페거리는 서울의 2030 세대가 선호하는 상권의 중심지입니다. 최근에는 무신사, 젠틀몬스터, 디올, 버버리 등이 자리 잡으면서 패션의 성지로 변화하고 있습니다.

그런데 상업지역이 지나치게 적습니다. 그나마 있는 상업지역도 아크로 서울포레스트, 갤러리아 포레 등 초고층 아파트들이 이미 자리를 잡았습니다. 그렇다면 이런 지역은 어떻게 분석해야 할까요?

결론부터 말해 큰 형님(상업지역)이 없으면 작은 형님이 가장 비싼 땅이 될 가능성이 큽니다. 준주거지역, 준공업지역이 그런 곳입니다. 해당 지역의 땅은 거점으로 지정되면 최대 용적률 800%까지 가능합니다. 상업지역이 거점으로 지정될 시 최대 1500%까지 지정되는 것에 비하면 초라해 보일 수 있지만, 건물 자체로만 보면 어마어마한 크기의 신축이 가능합니다.

그림 2-2

성수동 용도지역. 상업지역(빨간색)이 적고 준공업지역(파란색)이 대부분입니다.
출처: 네이버지도

준공업지역 이해하기: 용적률 100% 땅에서 최대 800% 땅으로

준공업지역은 원래 공장밖에 없는 땅입니다. 즉 사람들이 선호하는 곳이 아닙니다. 그런데 성수동 준공업지역의 일부 땅에 '성수지역중심'이라는 거점이 들어섰습니다. 해당 지역에 IT 관련 업종을 유치하기 위해 지식산업센터나 오피스텔을 지을 경우 최대 용적률 800%라는 인센티브를 받았습니다.

디벨로퍼들은 해당 땅의 가치를 분석했을 것입니다. 우선 건설 이익을 극대화하려면 세 가지 조건이 맞아떨어져야 합니다.

그림 2-3

■ 용적률 결정조서

도면표시	용적률			비고
	기준	허용	상한	
-	400% 이하	400% 이하	허용용적률2배 이하	구역 전체

※ 공동주택·오피스텔·다중생활시설(그 밖의 용도와 함께 건축하는 경우 포함)의 용적률은 서울시 도시계획조례 제55조 제4항 및 「준공업지역 종합발전계획」의 준공업지역 관리지침에서 제시한 용적률 체계를 따르되 산업부지 및 산업시설의 상한용적률 인센티브는 본 지구단위계획을 적용함

거점으로 지정되면서 준공업지역 최대 용적률(400%)의 두 배를 받게 된 성수동.
출처: 성수IT 산업·유통개발진흥지구 지구단위계획구역 및 계획 결정(안)

1. 혐오시설이 많고, 높게 지을 수 없어서 땅값이 저렴했던 곳입니다.

2. 정부가 높게 지을 수 있는 땅으로 변경해줘야 합니다.

3. 거점 지정으로 인허가와 인센티브 효과가 극대화되어야 합니다.

성수동은 이런 기준에 모두 부합했습니다. 공장이라는 시설 자체가 실거주하는 사람들에게는 혐오시설로 인식됩니다. 게다가 공장을 높게 지을 이유가 없습니다. 따라서 용적률이 100% 내외였습니다. 성수동의 오래된 건물이나 공장 부지의 높이가 낮은 이유도 이 때문입니다.

그런데 외환위기로 서울의 공장들이 대거 폐허가 되면서 정부는 깊은 고민에 빠졌습니다. 더는 서울의 준공업지역을 방치할 수 없었습니다. 폐공장이 밀집된 쓸모 없는 땅을 쓸모 있는 땅으로 만들기 위해 최대 용적률을 400%로 올렸고, 성수동은 거점(성수지역중심)으로 지정되

면서 800%까지 올라가니, 사업성이 네다섯 배 상승하는 효과가 발생했습니다.

혹자는 성수동 땅값이 올라간 원인이 서울숲과 트렌디한 카페거리 덕분이라고 생각합니다. 그러나 이것은 본질이 아닙니다. 서울숲 개발 이전에 쓸모없는 땅인 준공업지역을 살리려는 정부의 노력과 막대한 개발 사업이 선행되었기 때문에 상권이 성장할 수 있었던 것입니다.

황금가격은 미래가치를 포함한다

주거의 쾌적성이 가장 중요하다고 여기는 '상급지 만능론자'들이 성수동을 가장 박하게 평가했던 이유는 양질의 일자리가 적고 난잡한 공장 부지들이 많다는 것이었습니다. 그러나 결과적으로 마용성 중 성수동의 땅값 상승률이 압도적으로 높았습니다. 이유는 바로 건설 이익을 극대화할 수 있는 땅이기 때문입니다. 이런 땅이 큰손이 좋아하는 땅입니다. 마포구와 용산구보다 성수동 건물의 저층 비율이 압도적으로 높았기 때문에 디벨로퍼들은 많은 노다지 수익을 남길 수 있었습니다. 지금도 큰손들이 앞다투어 성수동을 매수하는 이유기도 합니다.

큰손들은 항상 '개발 이익'을 고려하고 적극적으로 행동합니다. 그 말은 우리도 이들과 비슷하게 행동해야 한다는 것입니다. 성수동 준공업지역을 예로 든다면 우리는 현실적으로 폐공장, 낡은 건물을 살 수 없습니다. 그렇다면 같은 준공업지역에서 저평가된 매물을 찾아야 합니다. 저는 2020년부터 그런 매물이 있다고 설명했습니다. 바로 '성수동 준공업지역 빌라'입니다.

중요한 것은 미래 가격

제가 가르친 투자자 가운데 2020년에 실투자금 3억 원으로 해당 빌라에 투자해서 단 2년 만인 2022년에 18억 원이 넘는 가격으로 매도한 분이 있습니다. 사실 말이 실투자금 3억 원이지, 2020년에 해당 빌라들의 실평수 기준 평당가는 2,200~5,300만 원 사이에 형성되었습니다. 당시는 한참 상승장이어서 실투자금 3억 원이면 다들 똘똘한 한 채에 더 관심을 가졌을 때입니다. 실제로 10명의 회원(저자가 직접 운영 및 관리)에게 지도하면 딱 한 명 정도만 관심을 보였습니다.

준공업지역에 있는 빌라는 대체적으로 주거의 쾌적성이 상당히 떨어집니다. 애초에 보급용 주택으로 지었기 때문에 관리 상태가 좋지 않습니다. 아마 이런 낡은 빌라보다는 별내신도시나 다산신도시의 쾌적한 신축 아파트가 더 눈에 띄었을 것이고, 또한 성수동이라는 이름 하나만으로 허름한 빌라 따위가 상급지의 신축 아파트보다 비싸질 리 없다는 생각이 들었을 것입니다.

그러나 미래가치를 생각한다면 이야기는 다릅니다. 성수동은 평당 2억 7,447만 원에 실거래된 사례(성수동2가 271-22번지)가 있습니다. 즉 잠재적인 미래가치는 평당 2억 원 이상도 받을 수 있는 땅이었던 것입니다.

건물의 최고가 매입 사례를 기준으로 다시 바라보면, 평당 5,300만 원짜리 빌라는 과연 비싼 매물이었을까요? 결국 부동산 황금가격(적정가)은 동일한 입지에서 얼마나 싼 매물이냐가 아니라, 미래가치와 현재가치가 얼마나 차이가 나느냐가 결정합니다. 미래가치를 정확하게 계산할 수 없어도 디벨로퍼들이 매수한 건물의 시세를 통해 우리는 미래가치를 어느 정도 가늠해볼 수 있습니다.

2023년 들어 성수동 빌라가 평당 1억 원에 실거래되고 있다는 소식이 본격적으로 들려왔습니다. 제게 강의를 들었던 투자자들은 이미 2020년부터 성수동 빌라를 알고 있었습니다. 뒤늦게 저를 알게 된 투자자들은 선배들의 성과를 부러워했고, 2020년 당시에 수강했는데도 성수동 빌라를 선택하지 않았던 투자자들은 뒤늦은 후회를 했습니다. 그러나 해당 소식을 전한 뉴스에 달린 댓글 반응은 반대의 의미로 뜨거웠습니다.

"가뜩이나 하락장인데 말도 안 되는 투기를 부추기는 기사다!"
"썩은 빌라 따위가 평당 1억 원? 분명히 반토막 난다!"

그러나 많은 사람의 예상을 깨고 2023년이 지나기도 전에 디벨로퍼가 성수동 빌라를 평당 1억 9,000만 원(성수동2가 269-207번지)에 매수하는 사례가 나왔습니다. 하락장이면 분명히 반토막이 나야 할 텐데, 오히려 2023년 초에 비해 두 배 가까이 오른 것입니다.

큰손들이 좋아하는 땅이 적정가에 나오면, 그 땅값은 상승장, 하락장 관계없이 무조건 오르게 되어 있습니다. 이 때문에 저는 하락장에도 공부해야 한다고, 한발 앞서 적정가 매물을 발견하면 대출 부담이나 역전세 부담이 없는 한도 내에서 투자해야 한다고 강조합니다. 그러나 이를 실행할 수 있는 사람은 많지 않습니다.

만약 큰마음을 먹고 용기를 내서 시도하더라도 건물의 낡은 외관에 먼저 겁먹고, 하락장에 부동산 투자하는 것은 아니라는 주변 사람들의 조언에 또 한 번 겁먹습니다. 또한 언론에서 출산율 감소, PF대출 등의 위기론을 쏟아내면 무모한 행동이라고 판단해 결국 포기할 것입니다. 하지만 우리가 진실로 믿어야 할 한 가지는 디벨로퍼들이 올해 어느 지역을 최고가에 매입하느냐 하는 것뿐입니다.

10장

하락장에도 황금가격만 알고 있다면

성수동 빌라 사례를 조사하다 보면 이상한 점이 있습니다.

A: 성수동2가 269-28번지(매매가 34억 원, 평당 2억 2,515만 원, 2022년 9월 거래)

B: 성수동2가 269-137번지(매매가 10억 5,000만 원, 평당 6,271만 원, 2022년 8월 거래)

C: 성수동1가 656-322번지(매매가 19억 5,000만 원, 평당 1억 476만 원, 2023년 6월 거래)

A, B, C 세 빌라 모두 하락장에 시세가 올랐습니다. 그러나 실거래가

는 심할 정도로 차이가 납니다. 왜 이런 차이가 발생했을까요? 결론부터 말해 시세의 차이를 만든 이유는 다음과 같습니다.

1. 다음 매수자가 큰손(기업)인지, 작은 손(개인)인지에 따라 차이가 납니다.
2. 땅값은 거점의 중심부에서 주변부로 퍼져나갑니다.

땅값이 퍼지는 원리를 알게 된다면 부동산 황금가격을 알 수 있습니다. 우리는 감정평가사처럼 땅값의 미래가치를 계산할 수는 없지만, 최고가 매입 사례를 통해 현재가치 대비 미래가치를 판단할 수는 있습니다. 이 과정을 통해 저평가된 매물을 쉽게 찾을 수 있는 것입니다. 이 방법은 디벨로퍼들도 자주 사용합니다. 우리가 그들보다 한발 앞서 선점한다면 상상 이상의 큰 수익을 거머쥘 수 있습니다.

많은 사람이 부동산 투자의 기준을 '상급지'로 생각합니다. 그리고 상급지를 중심으로 부동산이 서열화된다고 막연하게 생각합니다. 투자가치를 결정하는 거시적인 요소로는 역세권과의 거리, 양질의 학군, 구매력이 높은 2030 세대 위주의 상권, 대기업 정도가 있고, 미시적인 요소로는 대단지, 로열층, 로열동, 동 간 간격, 주차공간, 차단기 유무 정도가 있다고 대개 생각하는데, 실제로 이것들을 주로 가르치는 부동산 투자 강사들이 많습니다.

그러나 눈에 대놓고 보이는 이런 요소들을 충족하는 매물들은 당장 비쌀 수는 있어도 과연 투자가치가 있을지 의문입니다. [그림 2-4]를

그림 2-4

셋 중 어디에 투자가치가 있을까?
출처: 네이버 부동산

보여주며 "투자가치가 높은 지역은 어디일까요?"라고 물어보면 많은
사람이 C 매물이 있는 구역을 꼽을 것입니다.

큰손이 A, B 매물을 좋아하는 이유

결론적으로 A, B 매물이 있는 구역은 큰손들이 좋아하는 땅인 '거점'
과 가깝습니다. 디벨로퍼들은 거점을 중심으로 개발 사업을 시작합니

그림 2-5

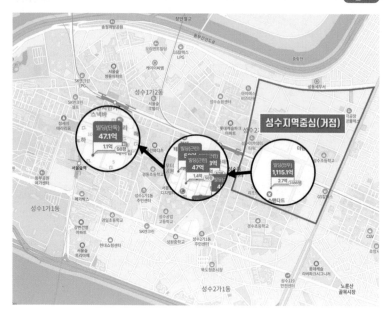

성수동의 2022~2024년 실거래가를 보면 땅값이 퍼지는 원리를 알 수 있습니다.
출처: 부동산플래닛

다. 한편 서울시는 다른 지자체와 다르게 거점을 정확하게 표시하기 때문에 마음먹고 공부한다면 저평가된 매물을 쉽게 발굴할 수 있습니다.

건물의 매입 가격은 해당 지역의 모든 부동산 시세에 영향을 준다고 설명했습니다. 또한 같은 용도지역이더라도 거점에 있는 곳의 인센티브와 인허가는 차원이 다릅니다.

디벨로퍼들은 왜 확장성이 강한 거점에 있는 매물을 비싸게 매입할까요? 비슷해 보이는 땅이지만 인센티브와 인허가의 차원이 다르기 때문에 현재가치 대비 미래가치가 더욱 높을 수밖에 없습니다. 이런 땅은 디벨로퍼 간의 경쟁을 유발하므로, 자금력이 큰 디벨로퍼가 더 비싸게 매물을 매수합니다.

그럼 가격경쟁에서 밀린 디벨로퍼는 어떻게 될까요? 거점에 투자하면 좋겠지만 현실적으로 불가능하다면 상대적으로 가성비 높은 지역을 공략할 수밖에 없습니다. 성수동 사례를 예로 들면 거점의 경우 평당 약 2억 7,000만 원에 실거래되었고, 그러자 경쟁에서 밀린 업체들이 대체 지역을 찾게 되었습니다.

이때 거점과 가까운 지역이 먼저 평당 2억 원에 가까워졌고, 이후 거점과 먼 지역의 시세가 따라붙었습니다. 역설적인 점은 일반적인 관점에서 입지가 좋아 보이는 지역과 거점이 명확하게 떨어져 있다는 것입니다. 그래서 이런 현상을 이해하기가 쉽지 않습니다.

따라서 거점을 파악하고 암기해야 합니다. 거점부터 땅값이 급등하는 현상은 전국 어디서나 벌어집니다. 땅값을 올리는 주체는 실거주 목적의 현지인이 아니라 투자 목적의 외지인입니다. 외지인이 기업인지, 개인인지에 따라 시세는 크게 달라질 수 있습니다. 기업이 보상하는 가격이 일반적으로 개인이 보상하는 가격보다 훨씬 높습니다. 또한 기업은 업무용 빌딩이나 상업시설을 유치할 목적으로 매수하고, 개인은 재개발이나 재건축을 통해 시세 차익을 얻을 목적으로 매수하는 것이 일반적입니다.

B: 성수동2가 269-137번지

본래 성수동 전역에서 빌라들의 소규모재건축, 소규모재개발이 유행했습니다. 실제로 소규모재건축이 진행되는 곳은 평당 5,000~6,000만 원 선에서 실거래되었고 그렇지 않은 곳은 평당 3,000만 원 미만에 실거래되었습니다.

즉 평당 6,000만 원에 실거래된 매물은 소규모재건축이 추진되던 곳에 있었고, 개인이 시세 차익을 노리기 위해 투자한 것이었습니다. 그런데 거점에서 가격경쟁에 밀린 디벨로퍼들이 성수동 빌라에 주목하면서 집중적으로 매수하기 시작했습니다.

처음에는 소규모재건축이 추진되지 않아 저렴했던 빌라부터 디벨로퍼들이 접근했습니다. 디벨로퍼들이 평당 8,000만~1억 5,000만 원을 제안하면서 손쉽게 거래가 성사되었습니다. 디벨로퍼들로서는 거점의 시세인 평당 2억 7,000만 원에 비해 상대적으로 저렴한 것이었습니다. 동시에 빌라 소유주들에게는 상상할 수 없는 거금이었기 때문에 승낙하기 쉬웠을 것입니다.

이 때문에 B 매물의 소유주들이 최근 디벨로퍼들과 협상하면서 통매각 의사를 전달했습니다. 이들은 급등하는 빌라 시세를 보면서 재개발 및 재건축 투자를 원하는 개인보다는 지식산업센터 등을 개발하고 싶은 기업(디벨로퍼)에 매각하는 것이 더 남는 장사라는 것을 알게 되었습니다.

그림 2-6

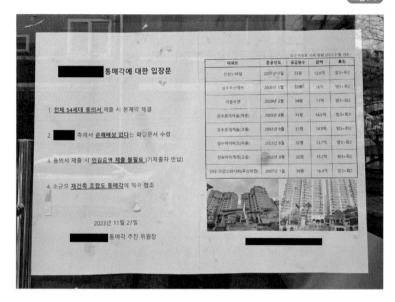

소규모재건축을 추진했던 성수동 빌라 지역에서 통매각 열풍이 불고 있습니다.

A: 성수동2가 269-28번지

좋은 땅을 선점하기 위한 디벨로퍼들의 경쟁이 가속화되면 땅값은 건물의 시세를 빠르게 따라잡습니다. 만약 소규모재건축을 하지 않은 저렴한 빌라가 아니라, 값비싼 공장이나 건물이었다면 애초에 **평당 8,000만~1억 5,000만 원**에 매수할 수 없었을 것입니다.

이러한 맥락에서 디벨로퍼들은 경쟁적으로 성수동 빌라의 통매각을 제안했고, 급기야 거점의 시세인 **평당 2억 7,000만 원**과 비슷한 수준인 평당 2억 2,515만 원([그림 2-4] 참고)에 거래되기 시작했습니다. A 매물이 상당한 고가에 매수된 이유입니다.

정리하면 A 매물과 B 매물이 있는 지역은 거점과 가깝기 때문에 잠재적인 미래가치는 평당 2억 원 이상입니다. 그러나 B 매물은 소규모재건축을 진행하고 있었기 때문에 당장 협상이 어려울 것이라 판단한 디벨로퍼들이 소규모재건축을 추진하지 않은 매물부터 매수하기 시작했습니다. 그러다가 A 매물의 실거래 사례처럼 거점의 공장이나 건물 시세(평당 2억 원 이상)에 맞춰 값을 치를 수 있는 업체들이 나타났고, 결국 성수동 빌라까지 시세가 급등했던 것입니다.

C: 성수동1가 656-322번지

경쟁에서 밀린 디벨로퍼들은 아예 매입 가격이 싼 건물에 몰릴 수밖에 없습니다. C 매물 일대를 살펴보면 건물의 매입 가격이 평당 1억 원 내외([그림 2-5] 참고)에 형성되어 있습니다. 이에 따라 C 매물의 매입 가격은 주변 시세에 맞춰 올랐다고 볼 수 있습니다.

그런데 C 매물 일대도 디벨로퍼들의 경쟁이 본격적으로 시작되면 거점의 시세인 2억 원을 추종할 가능성이 있습니다. 그렇다면 C 매물 일대의 매물들도 점차 고가에 거래되는 사례가 늘어날 수 있습니다.

우리는 성수동에서 과연 어떻게 행동해야 했을까요? 거점과 가까운 성수동 빌라 중에서 소규모재건축을 추진하지 않아 저평가된 매물을 찾았어야 합니다. 디벨로퍼들이 얼마나 비싸게 건물을 매입했는지, 즉 최고가에 따라 기대할 수 있는 현재가치 대비 미래가치도 높아질 수밖에 없습니다.

그러면 개발 사업 가능성이 큰 빌라 등이 아니라 재건축 아파트나 재개발 매물의 '부동산 황금가격'은 어떻게 파악할 수 있을까요? 기본적인 원리는 큰 차이가 없습니다. 이제부터 제가 소개하는 지역들은 아래의 기준에 따라서 가격을 분석해보겠습니다.

1. 거점 파악.
2. 도시기본계획 원문 파악.
3. 매물 사업성 분석.
4. 부동산 황금가격 분석.

그에 앞서서 부동산 황금가격을 어떻게 분석하는지 충분한 예시와 함께 설명할 것입니다. 어렵게 느껴진다면 반복해서 읽고 건물이나 아파트 시세와 비교하며 공부하면 제가 설명하는 원리를 쉽게 이해할 수 있을 것입니다.

서울시에서 지정한 거점은 2030서울생활권계획 기준 '3도심-7광역중심-12지역중심-53지구중심'입니다. 2030서울생활권계획에서 '거점'을 지정한 배경에는, 해당 지역의 발전 방향과 관리 방안을 담은 가이드라인을 구축함으로써 낙후·소외 지역을 개발해 저성장 시대를 대비한다는 취지가 담겨 있습니다.

성수지역중심은 12지역중심 중 하나입니다. 2030서울생활권계획은 서울을 다섯 개의 '권역생활권(도심권·동북권·서북권·서남권·동남권)'으로 구분하는데, 성수지역중심은 동북권에 포함되어 있습니다. 흥미롭게도 대개 입지가 나쁘다고 평가해 투자하면 안 된다고 여기는 노도강이 포함된 곳입니다. 하지만 2030서울생활권계획은 낙후되고 소외된 동북권 지역을 집중 개발해야 한다고 명시했습니다.

2030서울생활권계획이 발표된 2018년 3월에는 성수동이 그렇게 부각되지 않았습니다. 카센터와 공장이 많은 그저 그런 곳이었습니다. 그러나 최근에는 동북권 지역의 대표 거점인 성수지역중심뿐 아니라

그림 2-7

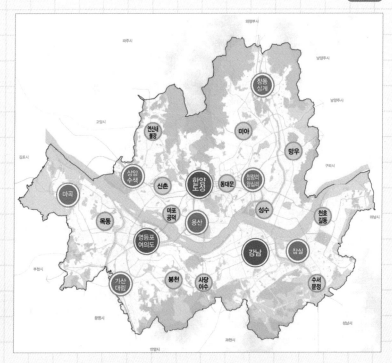

'2030 서울플랜 본보고서'의 3도심-7광역중심-12지역중심.
출처: 2030 서울플랜 본보고서

청량리·왕십리광역중심에 포함된 청량리역까지 개발 사업이 잘 진행 되면서 많은 사람에게 주목받고 있습니다.

저는 지난 책에서 상승장에 성수동과 청량리에 투자하지 못했다면, 제2의 성수동과 청량리를 찾아야 한다고 강조했으며, 그곳이 도봉구 창동과 노원구 상계동(창동·상계광역중심)이라고 언급했습니다. 2030서

그림 2-8

2030서울생활권계획의 다섯 개 권역 생활권.
출처:2030서울생활권계획

울생활권계획과 관련된 투자 전략을 설명하는 것만 해도 한 권의 책을 쓸 분량인 만큼, 관련해서는 지난 책을 참고하기 바랍니다.

성수지역중심은 폐공장 부지가 많아 가장 낙후된 준공업지역과 건대입구역을 포함하고 있습니다. 핵심은 청년 일자리 창출을 위해 IT 기업이 들어설 수 있도록 인허가와 인센티브를 준다는 것입니다.

이 때문에 디벨로퍼들이 경쟁하듯 성수동 거점을 적극적으로 매수하기 시작했고, 이로써 땅값이 오르게 되었습니다. 먼저 디벨로퍼들이

그림 2-9

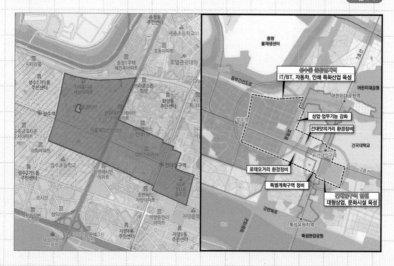

성수지역중심의 '거점'과 개발 가이드라인.
출처: 2030서울생활권계획

경쟁하듯 땅값을 올리면, 그다음으로 무신사, 젠틀몬스터, 디올, 버버리 등 우리가 호재라고 여기는 기업들이 들어섭니다.

흔히 "호재는 선반영된다"라고 하는 이유가 바로 이것입니다. 디벨로퍼들이 경쟁하면서 땅값을 한참 올리면, 이를 대중적인 관심으로 판단한 대기업들이 시장을 점유하고자 거점 개발의 후발 주자로 들어옵니다. 그런데 대중은 대기업이 진출한 시점을 투자 타이밍으로 보기 때문에 결과적으로 언제나 늦을 수밖에 없습니다.

땅값은 거점부터 급등할 수밖에 없습니다. 심지어 창동과 상계동(창

동·상계광역중심)의 땅값만 해도 평당 1억 원이 넘어가는데, 이는 용산광

역중심의 시세와 동일합니다. 반대로 거점에 비해 주변의 재건축 아파

트나 재개발 빌라 등의 시세가 심할 정도로 저렴하다면 저평가되었다

고 볼 수 있습니다.

11장

부동산 황금가격 파악하기

지금까지의 내용을 정리하면 다음과 같습니다.

1. 가장 비싼 땅은 개발 사업이 잘되는 상업지역입니다.

2. 상업지역이 없을 경우 준주거지역과 준공업지역이 비싼 땅이 됩니다.

3. 거점으로 지정되면 디벨로퍼들이 가격경쟁을 벌이고 큰손들이 비싼 값에 매수합니다.

4. 경쟁에서 밀린 디벨로퍼들이 거점 주변부와 변두리 지역을 매수하기 시작합니다.

5. 이런 과정에서 땅값이 중심부에서 주변부 순으로 퍼져나가듯 상승하는

현상이 발생합니다.

6. 또한 개발 대상이 되는 주택도 '가장 비싸게 매입된 땅값'의 시세를 따라 가기 시작합니다.

특히 6번의 원리를 잘 이해해야 하는 이유는 우리가 현실적으로 투자할 수 있는 매물이 빌라, 아파트, 구분상가 등이기 때문입니다. 앞서 살펴본 성수동 빌라의 사례처럼 거점 인근의 빌라 시세가 '가장 비싸게 매입된 땅값'과 놀랄 정도로 유사하다는 점이 중요합니다.

100억 원 이상의 자산가라면 거점의 건물이나 공장을 충분히 매수할 수 있을 것입니다. 그러나 1억 원은커녕 3,000만 원도 모으기 힘든 평범한 사람들에게는 사정이 다릅니다. 따라서 현실적으로 재건축 가능한 아파트 또는 재개발 가능한 빌라를 대상으로 시세를 분석해야 합니다. 물론 운이 좋다면 디벨로퍼가 통매각을 제안할 수도 있습니다만, 한방에 수익을 얻는 것을 기대하기보다는 **'부동산 황금가격'**에 진입하기 위한 매도 전략을 잘 세우는 것이 중요합니다.

단계별 상승과 단계별 인허가란?

우선 '부동산 황금가격'은 전문 투자자들이 선호하는 부동산에만 한정된다는 것을 알아야 합니다. 대중이 선호하는 실거주성이 보장된 아파트는 시장의 상승과 하락에 많은 영향을 받기 때문입니다.

그림 2-10

대중이 선호하는 부동산 vs 전문 투자자가 선호하는 부동산.

저는 지난 책에서 전문 투자자가 **선호하는 부동산**의 유형을 자세히 다뤘습니다. 전업 투자자는 하락장이나 상승장에 관계없이 무조건 수익을 낼 수 있는 매물을 선호합니다. 따라서 이들이 선호하는 매물의 시세 상승은 일반적인 부동산과 다른 형태로 나타납니다.

[그림 2-10]처럼 전문 투자자는 단계별 인허가를 받을 수 있는 매물을 선호해 하락장에서도 수익을 내지만, 대중이 선호하는 매물은 상승기에는 완만하게 오르고 하락기에는 가파르게 내리는 흐름을 타기 때문에 큰 이익을 얻을 수 없습니다.

이것은 지난 2008년의 금융위기 때도, 2023년의 부동산위기 때도 그대로 증명되었습니다. 많은 사람이 실거주성이 좋은 신축 대단지 아파트의 시세는 하락장에도 방어된다고 믿지만, 데이터는 거짓말하지 않습니다. 반대로 '단계별 인허가'를 받을 수 있는 부동산은 하락장에도 시세가 오릅니다.

단계별 인허가를 받을 수 있는 부동산

그렇다면 단계별 인허가를 받을 수 있는 부동산은 무엇일까요? '인허가'라는 단어에서 알 수 있듯이 이 또한 '거점'과 관련됩니다. 결론부터 말하면 단계별 인허가를 받을 수 있는 부동산은 원칙적으로 '거점에 속한 재개발, 재건축 부동산'입니다.

그러나 주거지는 일반적으로 거점에 속하지 않습니다. 특히 강남구 대치동, 양천구 목동, 분당신도시, 대전광역시 둔산동과 같이 계획적으로 개발된 곳은 주거지와 상업지역 등이 철저히 분리되어 있습니다. 따라서 단계별 인허가를 받을 수 있는 부동산에는 거점은 아니지만, 거점 인근에 있어서 연계개발이 가능한 재개발, 재건축 부동산까지 포함됩니다.

[그림 2-11]을 예로 들면 '창동상계광역중심'이라는 거점 주변에 상계주공아파트와 창동주공아파트가 있습니다. 이런 아파트들에 대해 2030서울생활권계획은 "통합 재건축 가이드라인을 만들겠다"라고 명시했습니다. 원칙적으로 상계주공아파트와 창동주공아파트는 거점은 아니지만, 거점 개발과 연계해 재건축 사업을 하겠다는 지침이 있기 때문에 단계별 인허가를 받을 수 있는 부동산에 포함됩니다.

그림 2-11

거점과 연계개발이 필요한 재건축 아파트의 예시(노원구, 도봉구).

임장이 반드시 필요한 이유

그러나 2024년 기준 상계주공아파트와 창동주공아파트의 시세는 대체적으로 많이 하락한 상태입니다. 그 이유는 무엇일까요? 단계별 인허가에서는 부동산 소유주들의 적극성이 굉장히 중요합니다. 도봉구와 노원구에서는 행정적 노력을 많이 기울였는데도 안전진단 비용 모금조차 소극적으로 임한 단지들이 많았습니다.

게다가 해당 아파트 중에서 먼저 재건축을 추진하던 상계주공5단지에서 분담금 문제를 대외적으로 터뜨리면서 상계주공아파트와 창동주공아파트 전체가 분담금 5억 원 이상의 폭탄을 맞는 아파트로 낙인찍혔습니다. 지자체와 정부는 노후계획도시정비특별법까지 마련하면서 인허가와 인센티브를 주려고 노력했는데도 소유주들이 스스로 가치를 깎아버리는 행동만 골라 했기 때문에 전문 투자자들이 투자하지 않으려고 하는 것입니다. 결국 소유주들이 정책에 얼마나 호응하고 잘 따라주는지가 중요합니다.

이것은 지난 재건축, 재개발의 역사에서 그대로 증명되어온 사실입니다. 대한민국 최고 입지라고 자부하는 강남구 압구정동의 노후 아파트들이 2008년 금융위기 당시 시세 방어를 못 하고 30% 가까이 폭락한 이유도, 현재까지 재건축 사업이 완료된 아파트를 찾아보기 힘든 이유도, 시세가 평당 1억 원 내외에 겨우 형성되는 이유(대한민국 최고의 입지라는 위상 치고)도 소유주들이 '한강뷰 명품 대단지 아파트'에 집착한 나머지 역대 어느 정부와도, 역대 어느 서울시장과도 적극적으로 손잡지 않았기 때문입니다. 결국 소유주들의 정책 이해도가 중요하기 때문에 반드시 '임장 활동'이 필수적일 수밖에 없습니다.

정부와 지자체가 재개발, 재건축을 진행하며 거점 위주로 인허가와 인센티브를 주려고 하는 데는 업적으로 과시하기 위한 측면이 있습니다. 그렇기 때문에 반드시 '임대주택'이나 '기부채납'을 요구할 수밖에 없습니다. 임대주택을 보급함으로써 서민 친화적인 정책을 펼칠 수 있고, 기부채납을 통해 도로와 상가, 공원 등을 확보함으로써 시민들의 복지를 증진했다는 업적을 남길 수 있기 때문입니다.

따라서 소유주들이 정부와 지자체의 의도를 간파하고 임대주택과 기부채납 등을 적극적으로 승낙하는지 여부가 중요합니다. 만약 상계주공아파트와 창동주공아파트의 소유주들이 임대주택과 기부채납 등을 적극적으로 수락한다면, 정부와 지자체에서는 반대급부로 용적률 500% 등의 파격적인 인센티브를 부여할 수 있는 것입니다.

최근 들어 각 지자체가 앞다투어 '노후계획도시 재건축 사업설명회'를 열고 있습니다. 분위기가 좋은 곳도 있지만 '명품 대단지 아파트'에 집착하는 소유주들이 분위기를 완전히 망쳐버리는 일도 많습니다. 결국 사업설명회에서 분위기가 좋은지, 나쁜지 등을 판단함으로써 해당 지역에 투자해야 하는지, 말아야 하는지를 판단할 수 있습니다.

단계별 인허가와 부동산 가격의 관계는?

다음으로 단계별 인허가와 부동산 가격의 상관관계를 이해해야 합니다. 그래야 현재 매수한 가격 대비 얼마나 오를 수 있는지 예상할 수 있고 투자가치가 높은 매물을 선별할 수 있습니다.

일반적으로 인허가는 총 네 단계로 구성됩니다.

1. 초기 단계: 계단의 가장 밑바닥 구간으로 개발 이슈가 아예 없습니다.
2. 조합설립인가 단계: 계단의 첫 번째 구간으로 대체로 '조합설립인가'의 시세와 유사합니다.

그림 2-12

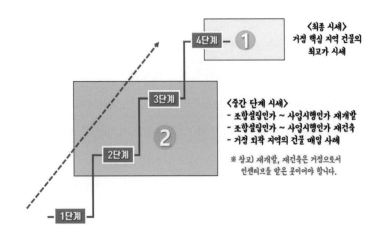

단계별 인허가가 1번에 가까워질수록 건물의 최고가 시세와 유사해집니다.

3. 사업시행인가 단계: 계단의 두 번째 구간으로 대체로 '사업시행인가'의
   시세와 유사합니다.

4. 최고가 단계: 계단의 마지막 구간으로 '건물의 최고가 매입 시세' 대비
   80~100%를 추종합니다.

네 단계를 파악하는 것은 쉽습니다. 내가 찍은 재개발, 재건축 지역
인근을 디벨로퍼들이 얼마에 매수했는지를 파악하면 미래가치를 파악
할 수 있습니다.

2023년 7월 22일, 성수동1가의 아크로 서울포레스트 60평형이 65

그림 2-13

신축 아파트의 시세는 인근 건물의 시세와 유사해집니다.
출처: 부동산플래닛

억 원에 거래되었습니다. 평당가로 환산하면 1억 833만 원 정도인데, 이는 인근 건물의 시세와 매우 유사하다는 것을 알 수 있습니다.

향후 서울숲역 인근에서 디벨로퍼들이 치열하게 경쟁해 건물 시세가 평당 2억 원까지 치솟게 되면 아크로 서울포레스트도 이를 따라갈 가능성이 큽니다. 그러나 아파트는 감가상각 대상이고 트렌드가 지난 아파트는 상품성이 떨어지기 때문에, 평당 2억 원 대비 80%인 평당 1억 6,000만 원 정도가 다음 상승장에서 기대할 수 있는 수익이 될 것입니다.

한편 평당 2억 원에 근접할 수 있는 아파트로 예상되는 매물은 성수동의 동아아파트와 장미아파트로, 재건축 사업 이후를 기대해볼 만합니다. 그러나 반드시 다음과 같은 조건이 전제되어야 합니다.

1. 해당 재건축 아파트의 사업 속도가 빨라 전문 투자자들이 몰려올 수 있어야 합니다.
2. 재건축 사업이 지지부진할 경우 단계별 인허가는 성립되지 않습니다.
3. 디벨로퍼들이 서울숲역 인근 건물을 평당 2억 원에 경쟁하듯 매입해야 합니다.
4. 디벨로퍼들이 평당 2억 원 미만으로 매입할 경우 기대할 수 있는 최고가는 낮아집니다.

동아아파트와 장미아파트의 단계별 인허가의 최종 단계는 해당 아파트들이 신축 아파트가 될 때입니다. 9장에서 사례로 든 '평당 2억 원 상당에 매입한 성수동 빌라'는 해당 지역이 거점과 가깝기 때문에 땅값이 이미 평당 2억 원에 이르렀고, 디벨로퍼들이 중간 단계 없이 통매각을 제안했기 때문에 빠르게 수익 실현이 가능했던 것입니다.

동아아파트를 예로 들어 단계별 인허가 시세 모델을 적용하면 다음과 같습니다. 2~3단계를 아우르는 2번 구역, 즉 중간 지점의 시세는 평당 8,000만~1억 원 정도일 것입니다. 최종 시세는 평당 1억 6,000만~2억 원 정도를 예상할 수 있습니다.

그림 2-14

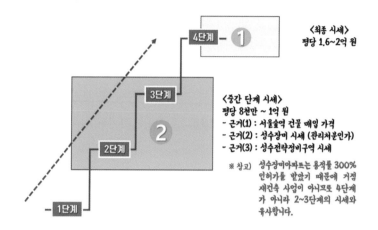

동아아파트(성수동1가 656-320번지)의 시세 분석.

그런데 동아아파트는 조합설립인가에 이르지 못했습니다. 그렇다면 아직 중간 단계(2번 구역)에 이르지 못했다는 것입니다. 따라서 적정가는 평당 8,000만 원 미만이어야 합니다. 미래가치를 감안하더라도 현재 기준으로는 평당 6,000만 원 정도가 가장 적절해 보입니다.

만약 평당 8,000만 원 정도로 매수했다면 수익을 극대화하기까지 상당한 시간이 소요될 수 있습니다. 재건축 사업 기준으로 '조합설립인가~사업시행인가'에 도달해야 하는 것인데, 문제는 사업이 지지부진 해지거나 심지어 무너질 수 있다는 것입니다. 따라서 부동산을 투자할 때는 '부동산 황금가격'을 정확히 파악해야 빠르게 수익을 얻거나 손실을 최소화할 수 있습니다.

단계별 상승으로 한 포인트만 수익을 얻자!

부동산 황금가격(적정가)으로 매수하기 위해서는 단계별 상승이 가능한 매물이어야 합니다. 그런 매물은 단계별 인허가를 거치면서 시세가 급등합니다.

단계별 인허가가 가능한 부동산은 원칙적으로 거점의 재개발, 재건축 부동산이지만 거점과 연계개발이 가능한 배후 주거지의 재개발, 재건축 부동산도 포함될 수 있습니다. 중요한 것은 소유주들이 얼마나 정부 정책을 잘 이해하고 호응해주는지 여부입니다.

향후 단계별 인허가가 가능한 부동산의 최종 시세는 거점에서 최고가에 매입된 건물의 시세를 따라가기 때문에 시세 분석이 어렵지 않습니다. 그러나 중간 단계의 시세 분석은 지역에 대한 심층적인 분석이 필요하기 때문에 많은 훈련이 필요합니다.

끝으로 제가 제안하는 투자 타이밍은 1단계에서 매수해 2단계로 오를 때 매도하는 것입니다. 이때가 수익률이 가장 클 뿐 아니라 사업 초반 단계의 재개발, 재건축 조합이 대체적으로 가장 의욕적이기 때문입니다. 2단계(조합설립인가)에서 3단계(사업시행인가)로, 또 4단계(관리처분인가)로 넘어가면서 계획보다 최소 1~2년이 지체되거나 심하게는 사업 자체가 무너지는 경우도 많기 때문에 초반 한 포인트의 수익만 취하고 매도하는 것이 좋습니다.

12장

여의도 아파트
평당 1억 원은 적정가인가?

여의도 재건축 예정 아파트 시세 분석하기

단계별 인허가가 가능한 부동산은 하락장에도 시세가 오릅니다. 그 원칙에 가장 부합한 예가 바로 2023년의 여의도 재건축 예정 아파트들이었습니다.

물론 향후에도 이런 흐름이 계속될 것인지는 지켜봐야 합니다. 아무리 단계별 인허가가 가능한 부동산이더라도 소유주들이 정부와 지자체의 제안을 무시하면 반드시 대가를 치르게 되어 있습니다. 즉 거점에 부여하는 인허가와 인센티브를 아예 제공받지 못하게 되는 것입니다.

상승장일 때는 정부와 지자체가 설정한 방향성에 부합하지 않는 아

그림 2-15

2023.12.26.　26억 6,500만 원
평당 7,614만 원

2024.3.7.　23억 원
평당 8,214만 원

2023.7.12.　47억 원
평당 9,792만 원

여의도 시범아파트 35평

여의도 삼부아파트 28평

여의도 서울아파트 48평

2023년 여의도 재건축 예정 아파트들의 시세.
출처: 국토교통부 실거래가

파트의 가격도 오를 수 있습니다. 대중을 포함해 모두가 투자하는 시장
이기 때문입니다. 그러나 하락장일 때는 소수의 고수만 투자하기 때문
에 정부 및 지자체와 갈등을 빚는 아파트에는 투자자들이 몰리지 않습
니다. 만약 여의도 재건축 예정 아파트들이 정부와 지자체가 제안하는
기부채납을 거부하고, 상계주공아파트와 창동주공아파트가 이를 수용
하면 2024년의 부동산 시장 판도는 갑자기 달라질 수 있습니다. 따라
서 제가 가격 분석하는 매물들은 당장 투자하라는 뜻이 아니라는 점을

유념하시기 바랍니다.

거점 파악하기

가장 먼저 여의도 시범아파트, 여의도 삼부아파트, 여의도 서울아파트 등 여의도 재건축 예정 아파트들이 거점에 포함되었는지 여부를 파악해야 합니다.

거점을 파악한 결과 여의도 재건축 예정 아파트들은 모두 여의도·영등포도심(거점)에 있습니다. 즉 해당 아파트들의 재건축 사업 자체가 '거점 사업'이라는 특수성을 가집니다. 따라서 이런 아파트들은 다른 아파트들과 달리 기본적으로 인허가와 인센티브를 파격적으로 받을 가능성이 큽니다.

이는 매우 유리한 시작점이라고 볼 수 있습니다. 일단 서울에서 제2

그림 2-16

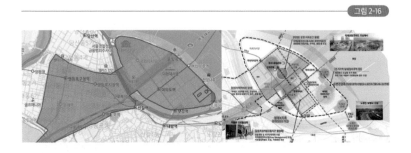

여의도·영등포도심(거점)의 범위와 개발 가이드라인.
출처: 2030서울생활권계획

종 일반주거지역(최대 용적률 250%) 아파트를 사업성을 높이기 위해 제3종 일반주거지역(최대 용적률 300%)으로 종상향해주는 것 자체가 굉장히 드문 일입니다. 사실 사업성을 끌어올리기 위해 종상향하는 것 자체가 불합리하고 형평성에 안 맞는 행정인 것입니다.

그러나 저는 여의도 재건축 예정 아파트들이 최소 준주거지역 이상으로 종상향이 가능하다고 설명했고, 결국 맞아떨어졌습니다. 도시기본계획을 분석해보면 지극히 합리적인 행정이라고 봐야 합니다.

도시기본계획 원문 분석하기

2030서울생활권계획에는 여의도 재건축 예정 아파트들의 '종상향'을 암시하는 문구들이 포함되어 있습니다.

1. 주거지역 내 아파트 재건축시 도심지원기능 도입

2. 정비사업 및 지구단위계획 인센티브 항목 등을 활용한 소형주택 공급

3. 판매, 문화시설 등 저층부 복합을 통한 가로활성화

세 문구 모두 어려운 말로 되어 있어서 해석하기 쉽지 않습니다. 제가 강의하는 내용 중 하나가 바로 어려운 도시기본계획 원문을 우리가 알아들을 수 있는 쉬운 말로 바꾸는 것입니다.

1. 주거지역 내 아파트 재건축시 도심지원기능 도입

그림 2-17

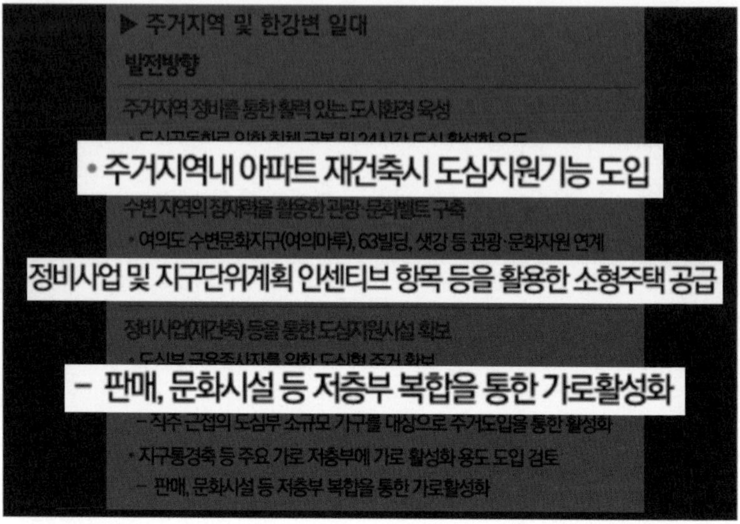

▶ 주거지역 및 한강변 일대

발전방향

주거지역 정비를 통한 활력 있는 도시환경 육성

- 도시고도화로 인한 친환경부 및 24시간 도시 활성화 유도

• 주거지역내 아파트 재건축시 도심지원기능 도입

수변 지역의 잠재력을 활용한 관광·문화벨트 구축

• 여의도 수변문화지구(여의마루), 63빌딩, 샛강 등 관광·문화자원 연계

정비사업 및 지구단위계획 인센티브 항목 등을 활용한 소형주택 공급

정비사업(재건축) 등을 통한 도심지원시설 확보

• 도시브 금융종사자를 위한 도시형 주거 확보

– 판매, 문화시설 등 저층부 복합을 통한 가로활성화

– 직주 근접의 도심부 소규모 가구를 대상으로 주거도입을 통한 활성화

• 지구통경축 등 주요 가로 저층부에 가로 활성화 용도 도입 검토

– 판매, 문화시설 등 저층부 복합을 통한 가로활성화

여의도 아파트들의 재건축 가이드라인.
출처: 2030서울생활권계획

→ 더는 주거지와 상업지역으로 분리하지 않겠다는 뜻입니다.

→ 주거지 안에 업무시설과 상업시설을 추가해서 직주근접 아파트로 만들 겠다는 뜻입니다.

2. 정비사업 및 지구단위계획 인센티브 항목 등을 활용한 소형주택 공급

→ 인센티브라는 말 자체가 거점 사업의 핵심 키워드입니다.

→ 종상향을 통해 사업성을 높이고 1~2인 가구를 위한 소형오피스텔도 보

그림 2-18

□ 대규모 주택단지를 창의적 건축계획이 될 수 있도록 특별계획구역으로 지정하고, 단지별 정비계획 수립 시 가이드라인이 되는 특별계획구역 지침을 통해 체계적인 정비계획 수립 방향을 제시하였다. 주요 내용은 아래와 같다.

○ 세부개발계획 수립시 용도지역 상향련 업무·회의·전시 등이 가능한 공공시설, 복합문화(체육)시설, 한강접근 시설 등 전략육성 용도 시설을 유도하여 국제업무중심지 지원기능 강화 및 한강중심의 매력적인 수변문화 공간 조성

2023년 12월 15일에 심의된 여의도 아파트들의 재건축 가이드라인.
출처: 서울시 보도자료 〈제19차 도시건축공동위원회 개최결과〉(2023.12.15.)

급하겠다는 뜻입니다. 대표적으로 브라이튼 여의도가 오피스텔동, 아파트동으로 구성되어 있습니다.

3. 판매, 문화시설 등 저층부 복합을 통한 가로활성화
→ 브라이튼 여의도처럼 저층부에 상가동을 두어 주상복합 아파트로 만들겠다는 뜻입니다.
→ 또한 아파트를 가로지르는 도로(보행로)를 신설하겠다는 뜻입니다.

소형오피스텔을 보급하겠다는 내용과 도로(보행로)를 신설하겠다는 내용은 소유주들 입장에서는 손해라고 생각할 수 있습니다. 그러나 이

런 항목들을 거부하겠다는 것은 정부와 지자체의 거점 사업을 방해하겠다는 의사로 해석될 수 있습니다.

결정적으로 2023년 12월 15일, 서울시 도시·건축공동위원회에서 "세부개발계획 수립시 용도지역 상향"을 명시했기에, 명실상부 종상향을 전제로 한 재건축 가이드라인이 마련될 것입니다. 그런데 여의도 시범아파트, 여의도 삼부아파트는 평당 7,000만 원 선인데, 여의도 서울아파트는 평당 1억 원에 가까운 시세가 형성되었습니다. 그 이유는 무엇일까요?

매물 사업성 분석하기

같은 거점이더라도 세부적인 가이드라인에 따라 사업성이 달라질 수

그림 2-19

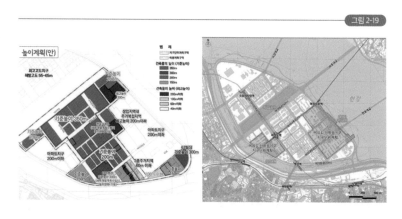

왼쪽: 여의도 금융중심 지구단위계획, 오른쪽: 여의도 아파트지구 지구단위계획.
(출처: 여의도 금융중심 지구단위계획(안), 여의도 아파트지구 지구단위계획(안)

그림 2-20

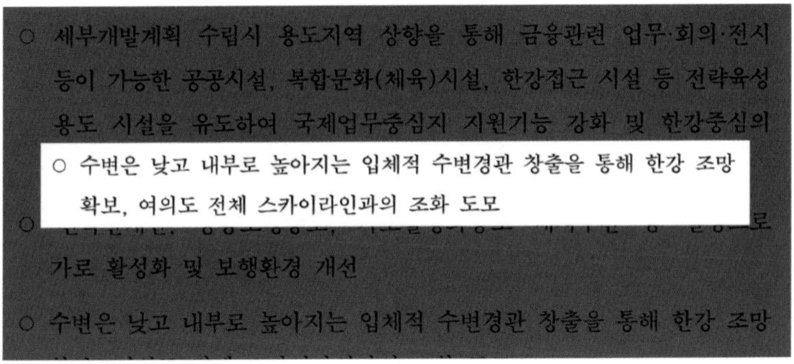
○ 세부개발계획 수립시 용도지역 상향을 통해 금융관련 업무·회의·전시 등이 가능한 공공시설, 복합문화(체육)시설, 한강접근 시설 등 전략육성 용도 시설을 유도하여 국제업무중심지 지원기능 강화 및 한강중심의

○ 수변은 낮고 내부로 높아지는 입체적 수변경관 창출을 통해 한강 조망 확보, 여의도 전체 스카이라인과의 조화 도모

○ 로 가로 활성화 및 보행환경 개선

○ 수변은 낮고 내부로 높아지는 입체적 수변경관 창출을 통해 한강 조망

여의도 아파트지구 지구단위계획의 재건축 가이드라인.
출처: 여의도 아파트지구 지구단위계획(안)

있습니다. 2023년에 '여의도 금융중심 지구단위계획'과 '여의도 아파트지구 지구단위계획'이 순차적으로 발표됩니다.

여의도 금융중심 지구단위계획은 상업지역 내 아파트의 최고높이를 200m로 규정했습니다. 200m만 하더라도 63빌딩을 뛰어넘는 상당한 높이기 때문에 사업성이 매우 좋습니다.

그러나 여의도 아파트지구 지구단위계획은 "수변은 낮고 내부로 높아지는 입체적 수변경관 창출"을 규정했습니다. 이는 한강변과 가까운 동은 높이를 낮게 해야 한다는 의미입니다.

즉 인허가와 인센티브의 우열을 가린다면, 여의도 금융중심 지구단위계획의 매물이 여의도 아파트지구 지구단위계획의 매물보다 더 좋으며 이는 사업성에 큰 영향을 미칩니다. 한쪽은 일괄적으로 200m까

그림 2-21

여의도 시범아파트, 여의도 삼부아파트, 여의도 서울아파트의 위치.
출처: 네이버지도

지 높일 수 있다면, 다른 한쪽은 한강변과 가까울수록 낮게 지어야 하기 때문입니다.

이런 이유로 인허가와 인센티브 면에서 더욱 유리한 여의도 금융중심 지구단위계획에 포함된 아파트의 사업성이 더 좋고, 투자자들이 더 선호하는 것입니다. [그림 2-21]에서 여의도 시범아파트(이하 A)와 여의도 삼부아파트(이하 B)의 시세가 큰 차이가 없는 반면, 여의도 서울아파트(이하 C)의 시세가 더 높은 것은 사업성 높은 재건축 매물을 매수하려고 하는 합리적인 이유 때문입니다.

그림 2-22

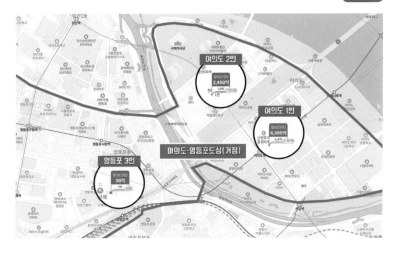

2022~2024년도 여의도·영등포도심 건물 매입 시세.
출처: 부동산플래닛

    그렇다고 여의도 아파트지구 지구단위계획에 포함된 매물의 사업성
이 떨어지는 것은 절대 아닙니다. 실제로 해당 구역에 속한 여의도 한
양아파트에 대해 현대건설이 최소 3억 6,000만 원 이상의 환급금을 제
시했다는 것이 그 증거입니다. 따라서 당장에는 C 매물의 시세가 가장
높을 수 있어도 A와 B 매물이 재건축 사업 속도를 높인다면 역전도 충
분히 가능합니다.

부동산 황금가격 분석하기

도시기본계획을 살펴보았다면, 그다음으로 최근 3년간(2022~2024년)의 건물 매입 시세를 조사해야 합니다. 거점의 핵심 지역을 '여의도 1번', 거점 중에서도 주변부 지역을 '여의도 2번', 영등포 거점을 '영등포 3번'으로 지정했을 때 다음과 같이 시세가 서열화되고 있음을 알 수 있습니다.

·여의도 1번(여의도동 23-2번지): 매매가 6,395억 원(평당 4억 4,366만 원)

·여의도 2번(여의도동 15-21번지): 매매가 2,450억 원(평당 1억 9,065만 원)

·영등포 3번(영등포동3가 2-5번지): 매매가 38억 원(평당 1억 645만 원)

이 중 디벨로퍼들이 가장 선호하는 땅은 여의도 1번입니다. [그림 2-21]과 겹쳐 보았을 때 여의도 금융중심 지구단위계획에도 포함된 곳이기 때문입니다.

여의도 2번은 어떨까요? 국회의사당과 마주 보는 지역이기 때문에 고도제한이 강한 지역이었습니다. 그러나 여의도 1번의 땅값이 많이 오름으로써 분양 수익이 크게 개선되었습니다. 이 때문에 용적률 인센티브가 없는 1:1 재건축으로 사업을 진행해도 수익이 나는 사례가 등장하기 시작했습니다.

대표적으로 '여의도동 15-11번지'의 경우 지하 3층/지상 12층, 용적률 454.9% 규모의 노후 건물이었습니다. 이를 재개발한 신축 오피

그림 2-23

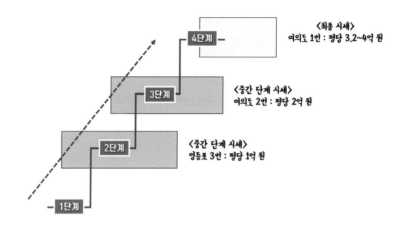

〈최종 시세〉
여의도 1번 : 평당 3.2~4억 원

〈중간 단계 시세〉
여의도 2번 : 평당 2억 원

〈중간 단계 시세〉
영등포 3번 : 평당 1억 원

여의도·영등포 도심의 단계별 인허가 시세 모델.

스텔의 규모는 지하 6층/지상 13층, 용적률 719.74% 규모로, 실질적인 높이는 고작 1층밖에 증가하지 않는데도 개발 사업을 시작했습니다.

비록 여의도 2번은 고도제한 때문에 1:1 재건축만 가능하지만, 여의도 1번의 시세 상승 덕분에 고분양가를 받을 수 있어 사업성이 보전되었습니다. 이 때문에 평당 1억 원도 되지 않았던 땅값이 불과 2년 만에 평당 2억 원 가까이 상승할 수 있었습니다.

여의도에서 완전히 밀린 디벨로퍼들이 주목한 지역은 바로 영등포역입니다. 본래 유흥상권이기 때문에 시세가 평당 4,000만 원 선에 형성되었습니다. 디벨로퍼들이 보기에 가격이 굉장히 매력적인 곳이었습니다. 이 때문에 디벨로퍼들이 경쟁하면서 '평당 4,000만 원 → 평당 8,000만 원 → 평당 1억 원'으로 땅값이 꾸준히 오르게 되었고 최근 천지개벽을 한 대표적인 지역이 되었습니다.

여의도·영등포 도심에 단계별 인허가 시세 모델을 적용하면 [그림 2-23]처럼 시세가 형성됩니다. 조합설립인가에 해당되는 2단계에는 평당 1억 원 내외가 적정가라고 볼 수 있습니다.

그렇다면 여의도 시범아파트(평당 7,614만 원), 여의도 삼부아파트(평당 7,533만 원), 여의도 서울아파트(평당 9,792만 원)의 시세는 적정하다고 볼 수 있을까요? 아직 세 아파트 모두 조합설립인가에 이르지 못했지만, 신속통합기획에 따라 이른 시일 내에 조합설립인가가 날 것으로 보이기 때문에 적정 시세에 맞게 형성되었다고 볼 수 있습니다.

여의도 서울아파트가 상대적으로 비싸 보일 수는 있지만, 여의도·영등포 도심에서 여의도 금융중심 지구단위계획상 인허가와 인센티브가 가장 높은 곳에 있기 때문에 프리미엄을 어느 정도 감안해야 합니다.

13장

용산 아파트
평당 1억 원은 적정가인가?

│ 용산 아파트 시세 분석하기

서울에서 요즘 핫한 지역으로는 '용산'이 대표적입니다. 윤석열 정부 들어 대통령실도 용산구로 옮겼기 때문에 해당 지역의 미래가치 또한 밝을 것이라고 전망됩니다.

그렇기 때문에 용산구에 단 한 평이라도 땅을 사고 싶어 하는 사람들이 매우 많습니다. 이런 욕구를 자극하기 위해 수많은 유튜버와 투기 세력이 '용산 핵심 입지 실투자금 1억 원대 매물'을 그럴듯하게 소개하기도 합니다.

그런데 매물을 사는 것도 중요하지만, 해당 매물이 진짜 적정가인지,

그림 2-24

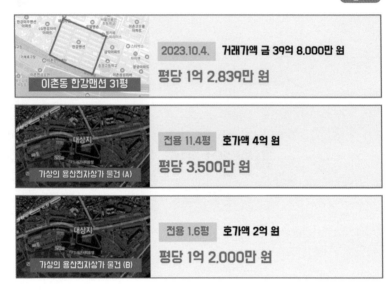

세 개 매물의 가격 분석을 통해 적정가 여부를 판별하겠습니다.

실제로 저런 매물을 사면 50억 원짜리 래미안 첼리투스급의 입주권이 나오는지 꼼꼼하게 따져봐야 합니다.

따라서 이번 장에서는 이촌동 한강맨션의 최근 실거래가가 하락장에서 나올 만한 가격인지 알아보고, 가상의 용산전자상가 매물 두 개의 시세 분석을 통해 적정가 여부와 투자 여부를 모두 살펴보겠습니다. 실전 예시이기 때문에 잘 숙지한다면 어느 지역에 투자하더라도 잃지 않는 투자가 가능할 것입니다.

그림 2-25

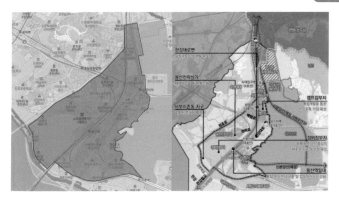

용산광역중심(거점)의 범위와 개발 가이드라인.

출처: 2030서울생활권계획

그림 2-26

A: 이촌동 한강맨션, B: 가상의 용산전자상가 물건.

출처: 2030서울생활권계획

거점 파악하기

우선 이촌동 한강맨션과 용산전자상가가 거점에 포함되었는지 여부를 파악해야 합니다. 용산광역중심의 범위는 정비창부지, 용산역, 신용산역, 남영역, 삼각지역, 숙대입구역, 용산전자상가 등이 포함되며 후암동특별계획구역 또한 거점 개발과 관련되어 있습니다.

거점의 범위를 파악한 결과 이촌동 한강맨션은 거점의 배후 주거지에, 가상의 용산전자상가 물건은 거점에 포함되어 있습니다. 지금까지의 공식대로라면 가상의 용산전자상가 매물을 최우선으로 공략하는 것이 가장 합리적으로 보입니다.

그런데 2030서울생활권계획에는 거점에 대한 개발 가이드라인뿐 아니라 거점의 배후 주거지에 대한 개발 가이드라인도 설정되어 있습니다. 해당 정부 또는 서울시장의 성향에 따라 가이드라인이 엄격하게 해석될 수도 있고, 다소 완화해서 광범위하게 해석될 수도 있습니다.

도시기본계획 원문 분석하기

[그림 2-27]은 이촌동 한강맨션과 관련된 개발 가이드라인입니다. 인센티브에 대한 설명은 없고, "녹지축과 통경축 확보를 우선적으로 고려"하라고 명시되어 있습니다. 이촌동 한강맨션 소유주 입장에서는 득보다 실이 많아 보이는 내용입니다.

반면 용산전자상가는 "전자산업기반의 복합문화교류 공간 조성"이라고 명시되어 있는데, 고밀도 주상복합 개발을 암시하는 문구입니다.

그림 2-27

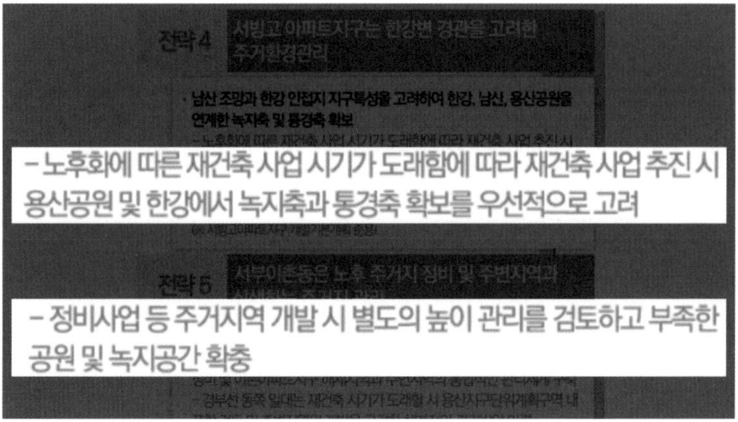

전략 4 서빙고 아파트지구는 한강변 경관을 고려한 주거환경관리

· 남산 조망과 한강 인접지 지구특성을 고려하여 한강, 남산, 용산공원을 연계한 녹지축 및 통경축 확보

– 노후화에 따른 재건축 사업 시기가 도래함에 따라 재건축 사업 추진 시 용산공원 및 한강에서 녹지축과 통경축 확보를 우선적으로 고려

전략 5

– 정비사업 등 주거지역 개발 시 별도의 높이 관리를 검토하고 부족한 공원 및 녹지공간 확충

이촌동 한강맨션 재건축 가이드라인.

출처: 2030서울생활권계획

그림 2-28

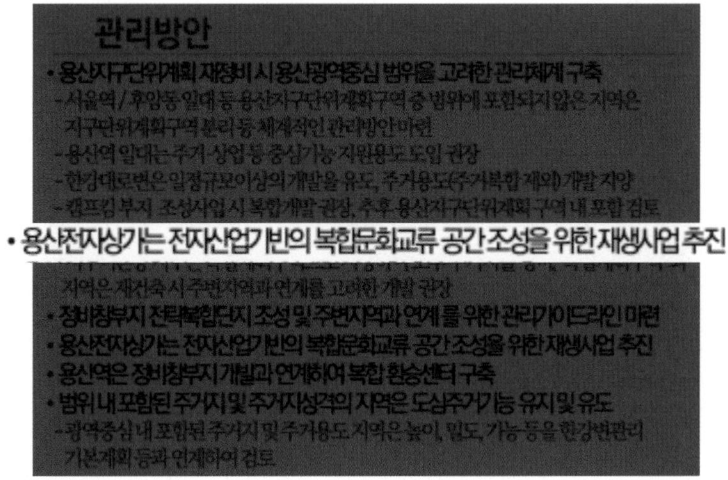

관리방안

- 용산지구단위계획 재정비 시 용산광역중심 범위를 고려한 관리체계 구축
  - 서울역 / 후암동 일대 등 용산지구단위계획구역 중 범위에 포함되지 않은 지역은 지구단위계획구역 분리 등 체계적인 관리방안 마련
  - 용산역 일대는 주거·상업 등 중심기능 지원용도 도입 권장
  - 한강대로변은 일정규모이상의 개발을 유도, 주거용도(주거복합 제외) 개발 지양
  - 캠프킴 부지 조성사업 시 복합개발 권장, 추후 용산지구단위계획 구역 내 포함 검토
- 용산전자상가는 전자산업기반의 복합문화교류 공간 조성을 위한 재생사업 추진

지역은 재건축 시 주변지역과 연계를 고려한 개발 권장

- 정비창부지 전략복합단지 조성 및 주변지역과 연계를 위한 관리가이드라인 마련
- 용산전자상가는 전자산업기반의 복합문화교류 공간 조성을 위한 재생사업 추진
- 용산역은 정비창부지 개발과 연계하여 복합 환승센터 구축
- 범위 내 포함된 주거지 및 주거지성격의 지역은 도심주거기능 유지 및 유도
  - 광역중심 내 포함된 주거지 및 주거용도 지역은 높이, 밀도, 기능 등을 한강변관리 기본계획 등과 연계하여 검토

용산전자상가 개발 가이드라인.

출처: 2030서울생활권계획

그림 2-29

용적률	U1	• 공동주택 및 부대복리시설
		  – 기준(허용)용적률 : 200% 이하
		  (「서울시 아파트지구 지구단위계획 전환지침(2022.11)」에 따라
		  허용 용적사항을 준수하여야 함)
		  – 상한용적률 : 300% 이하
			도시 및 주거환경
			정비기본계획 변경시
			변경된 기준 적용
			(단, 기준(허용)용적률을 유지)

		• 근린생활시설 : 200% 이하
		  – 용도지역 상한(제3종일반주거지역) 기준/허용/상한 용적률은
		  200%이하/230%이하/250%이하 적용
			연도형상가
			배치구간

	U2	• 공공청사 : 200% 이하	–

높이	U1	• 공동주택 및 부대복리시설
		  – 서울시 도시기본계획, 도시 및 주거환경정비 기본계획에 따름
		  (기본계획 변경 시 변경된 기준 적용)
			–

		• 근린생활시설 – 기준높이 32m 이하 / 최고높이 40m 이하	연도형상가 배치구간
	U2	• 공공청사 : 3층 이하	–

2023년 9월 7일에 결정된 이촌동 한강맨션 재건축 가이드라인.

출처: 토지이음

그림 2-30

용산구 제2024-93호
용산 지구단위계획구역 내 전자상가지구 지구단위계획 결정(변경)(안) 열람공고

서울특별시 용산구공고 제2024-93호 용산 지구단위계획구역 내 전자상가지구 지구단위계획 결정(변경)(안) 열람공고 1. 서울특별시고시 제2010-438호(2010.12.2.)로 지구단위계획 결정(변경)된 용산 지구단위계획구역 내 전자상가지구에 대한 지구단위계획 결정(변경)(안)을 「국토의 계획 및 이용에 관한 법률」 제28조 및 같은 법 시행령 제22조, 「서울특별시 도시계획 조례」 제7조 및 「토지이용규제기본법」 제8조 규정에 따라 아래와 같이 열람공고 합니다. 2. 본 지구단위계획 결정(변경)(안)에 대하여 의견이 있는 주민 및 이해관계인은 열람기간 내에 의견서를 열람 장소로 작성·제출하여 주시기 바랍니다. 2024년 1월 17일 서울특별시 용산구청장

2024-01-17

용산구청장

2024년 1월 17일에 공고된 용산전자상가 재건축 가이드라인.

출처: 서울도시계획포털

　　도시기본계획 원문만 분석해본다면 이미 비쌀 대로 비싼 이촌동 한강맨션보다는 가상의 용산전자상가 물건이 더 투자가치가 높아 보입니다. 이 내용만 본다면 오히려 투자하지 말아야 할 근거를 찾기 어렵

습니다.

이촌동 한강맨션의 화두는 '68층'까지 높일 수 있는지 여부입니다. 그러나 2023년 9월 7일에 결정고시된 문서에는 68층까지 높일 수 있다는 내용이 없습니다. 조합에서는 68층짜리 아파트의 조감도를 내세우고 있지만, 서울시와 특별히 협의된 것이 아니라면 확정된 사실이라고 볼 수 없습니다.

2024년 1월 17일에는 용산전자상가에 대한 재건축 가이드라인이 신설되었습니다. 공고문상 내용만 보면 최대 용적률 800%, 최고높이 100~120m까지 높일 수 있도록 했습니다. (상세한 내용은 집필 시점에 공개되지 않았으므로 싣지 못했습니다.)

2030 서울생활권계획과 최근 고시문들을 모두 조사한 결과 가상의 용산전자상가 물건이 매력적으로 보이는 것은 당연합니다. 이제 다음은 사업성 분석입니다.

매물 사업성 분석하기

이촌동 한강맨션은 기존의 5층짜리 660세대 아파트를 용적률 255%, 지하 3층~지상 35층, 1,441세대 아파트로 신축하는 사업이기 때문에 원칙적으로 사업성이 좋습니다. 그러나 재건축초과이익환수제 대상지에 포함되기 때문에 1인당 분담금을 7억 7,700만 원이나 부담해야 하는 상황입니다.

현재 정부는 건설경기 활성화를 위해 재건축초과이익환수제를 완화하고자 합니다. 그렇게 되면 분담금이 다소 줄어들 수는 있습니다. 만약 거점 사업지의 재건축이었다면 재건축초과이익환수제로 큰 피해를 보지는 않을 것입니다.

반면 용산전자상가는 대체적으로 층수도 낮고 용적률도 낮기 때문에 최대 용적률 800%, 최고높이 120m 규모로 신축할 수 있다면 굉장한 사업성을 보장받을 수 있습니다.

그런데 여기서 간과한 것이 있습니다. 용산전자상가와 같이 구분상가로 되어 있는 집합건축물은 지분 쪼개기가 합법입니다. 상인들의 영업권을 보장하기 위해 1평짜리 상가도 소유권을 보장해준 것입니다. 그 말은 구분상가 소유주들이 눈덩이처럼 불어날 수 있다는 의미기도 합니다.

아무리 표면적으로 사업성이 좋아 보여도 구분상가 소유주들이 지나치게 많이 붙으면 사업성은 대폭 줄어 결과적으로 재건축 사업을 추진할 수 없게 됩니다. 만약 디벨로퍼들이 통매각을 추진한다고 해도 보상가가 현저히 낮은 상황이 발생하기도 합니다. 그렇다면 용산전자상가는 지분 쪼개기에서 안전할까요?

부동산 황금가격 분석하기

이번에도 마찬가지로 최근 3년간(2022~2024년)의 건물 매입 시세를 조사했습니다. 거점의 핵심 지역을 '용산 1번', 거점 중에서 개발이 덜된

그림 2-31

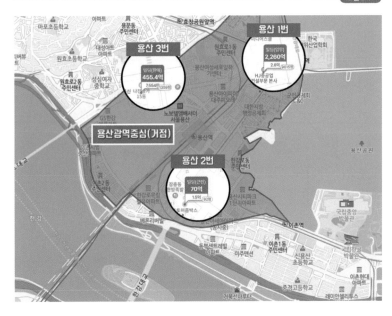

2022~2024년 용산광역중심에서 건물 매입 시세.

출처: 부동산플래닛

주변부 지역을 '용산 2번', 용산전자상가가 있는 지역을 '용산 3번'으로
지정한다면, 다음과 같이 시세가 서열화되고 있음을 알 수 있습니다.

·용산 1번(갈월동 103-17번지): 매매가 2,260억 원(평당 2억 8,367만 원)

·용산 2번(한강로3가 40-131번지): 매매가 70억 원(평당 1억 5,551만 원)

·용산 3번(한강로3가 3-23번지): 매매가 455억 원(평당 7,554만 원)

그림 2-32

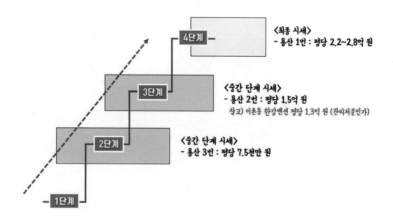

용산광역중심의 단계별 인허가 시세 모델.

용산 1번이 있는 갈월동의 시세가 가장 비싸고, 한강로3가 일대의 시세는 그에 미치지 못합니다. 다만 용산 1번은 준공된 지 16년이 지났기 때문에 디벨로퍼가 업무용 빌딩으로 개발할 목적으로 샀는지 명확하지 않습니다.

용산 1번과 용산 2번의 갭 차이가 크다고 판단된다면, 평균적으로 디벨로퍼들이 공시지가 대비 얼마에 매수했는지 파악하는 것도 하나의 방법입니다. 통상 거점 개발이 잘되고 있다면 디벨로퍼들은 공시지가 대비 두세 배 사이에 매수하려 합니다. 한편 가격경쟁이 붙었다면 공시지가 대비 세 배 이상에 매수하는 경향이 있습니다.

만약 LH공사나 SH공사와 같은 공공기관이 임대주택 등을 개발하기 위해 토지를 매입한다면 얼마로 예상하면 될까요? 통상 공시지가 대비 1.5배라고 보면 됩니다.

용산광역중심에 단계별 인허가 시세 모델을 적용하면 다음과 같이 시세가 형성됩니다.

1. 조합설립인가에 해당되는 2단계에는 평당 7,500만 원 내외가 적정가입니다.
2. 사업시행인가에 해당되는 3단계에는 평당 1억 5,000만 원 내외가 적정가입니다.

이때 3단계 시세의 기준점이 되는 건물인 용산 2번은 이촌동 한강맨션과 가깝습니다. 거점 배후 지역의 재개발, 재건축은 관리처분인가 시에 거점 외곽 지역의 시세와 일치하는 경향을 보이는데, 용산도 마찬가지로 적용되는 부분입니다.

그럼 [그림 2-24]에 언급된 가상의 용산전자상가 매물을 다시 볼까요? 동일한 건물에 하나는 4억 원이고 다른 하나는 2억 원인 구분상가입니다. 많은 투자자가 실투자금이 적은 2억 원짜리 구분상가에 매력을 느끼겠지만, 평당가로 환산하면 상황이 달라집니다.

· 가상의 용산전자상가 물건 A는 평당 3,500만 원입니다.
· 가상의 용산전자상가 물건 B는 평당 1억 2,000만 원입니다.

그림 2-33

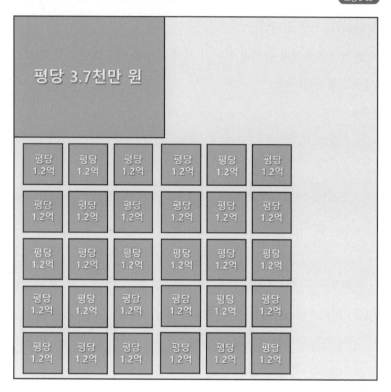

평당 3.7천만 원

평당 1.2억	평당 1.2억	평당 1.2억	평당 1.2억	평당 1.2억	평당 1.2억
평당 1.2억	평당 1.2억	평당 1.2억	평당 1.2억	평당 1.2억	평당 1.2억
평당 1.2억	평당 1.2억	평당 1.2억	평당 1.2억	평당 1.2억	평당 1.2억
평당 1.2억	평당 1.2억	평당 1.2억	평당 1.2억	평당 1.2억	평당 1.2억
평당 1.2억	평당 1.2억	평당 1.2억	평당 1.2억	평당 1.2억	평당 1.2억

용산전자상가 단지 내에 투기 세력이 진입했다면 사업성이 떨어집니다.

매매가 기준으로는 A 매물이 비싸 보이지만, 평당가로 환산하면 B 매물보다 매우 저렴하다는 것을 알 수 있습니다.

이게 바로 신축 빌라 세력, 상가 지분 쪼개기 세력이 파놓는 함정입니다. 매력적으로 매매가를 설정해서 투자자들을 유혹하지만 평당가로 환산하면 매우 비싼 매물인 것입니다. B 매물의 시세도 지분 쪼개기 전에는 평당 3,500만 원 내외였을 것이지만, 세력의 작업으로 평당 1억 2,000만 원으로 부풀려진 것입니다. 지분이 쪼개진 매물을 각각 팔면서 세력은 약 3.4배의 시세 차익을 얻는 것입니다.

만약 하나의 단지에 평당 3,700만 원짜리 매물이 한 개고 평당 1억 2,000만 원짜리 매물이 많이 쌓여 있다면, 이미 해당 단지는 지분 쪼개기 세력이 먼저 진입해 조합원 수가 눈덩이처럼 불어났다고 볼 수 있습니다. 결론적으로 투기 세력에 의해 사업성이 나빠진 것입니다. 가격 분석만 잘해도 잃지 않은 투자가 가능한 것이 바로 이런 이유 때문입니다.

이후에는 두 가지 시나리오가 가능합니다. 디벨로퍼들이 마음먹고 후하게 매수하는 경우와 LH공사가 헐값에 매수하는 경우입니다.

시나리오 1

디벨로퍼들이 갈월동의 사례처럼 공시지가 대비 네 배가량 비싸게 매수했다고 해보겠습니다. 나진상가의 공시지가가 평당 5,289만 원인데 네 배가량 비싸게 매수했다면 예상 보상가는 평당 2억 1,000만 원 정도입니다. 평당 1억 2,000만 원에 매수한 사람은 기대 이익이 고작 평당 9,000만 원입니다. 50억 원짜리 입주권을 기대하며 2억 원을 투자했는데, 매매가의 두 배도 아니고 고작 3억 4,000만 원 받고 나가라고 하면 어느 누가 찬성표를 던질까요? 대부분 반대할 것입니다.

시나리오 2

더욱 최악의 시나리오입니다. 공시지가 대비 1.5배 정도에 현금으로 청산되면 예상 보상가는 평당 7,900만 원입니다. B 매물의 소유주들은 1억 2,000만 원을 받고 강제 수용당하는 것입니다. 투자 원금이 2억 원이었으니, 오히려 8,000만 원 손실을 보는 셈입니다.

문제는 시나리오 1의 가능성입니다. 디벨로퍼들이 공시지가 대비 네 배가량이나 비싸게 매수한 것은 갈월동 일대여서 가능한 일입니다. 현재 시점에서 한강로3가에 진입하는 디벨로퍼들에게 기대할 수 있는 구매력은 잘해봐야 '평당 1억 5,000만 원' 정도입니다. 지금 같이 PF대출이 부담스러운 시기에 당장 평당 '2억 1,000만 원'에 매수할 수 있는 디벨로퍼가 나타난다는 것은 하늘의 별 따기입니다.

B 매물을 매수한 사람이 수익다운 수익을 거두려면 언제쯤이 되어야 할까요? 용산의 핵심 지역인 갈월동 일대가 평당 4억 원 이상은 가야 한강로3가까지 땅값이 상승할 것입니다. 그런데 그때가 과연 언제 올까요? 만약 그사이에 새로운 정부가 들어서서 용산 개발을 중단하고 다른 지역 개발에 막대한 힘을 실어주면 어떻게 될까요?

큰 꿈을 안고 도심부 핵심 지역에 투자했지만 10~20년이 지나도 깜깜무소식인 재개발, 재건축 지역이 많은 이유가 바로 이것입니다. 투기 세력에 의해 가격이 왜곡되고 '부동산 황금가격'을 모르는 피해자들이 속수무책으로 당하는 일이 반복되고 있습니다.

결론적으로 이촌동 한강맨션의 평당 1억 원은 적정한 시점에 나온 적정한 수치라고 봅니다. 가상의 용산전자상가 물건 A는 적정가로 판단되지만, 물건 B는 알고 보면 사실 지나치게 비쌉니다. 이때 A와 B 매물이 동일한 용산전자상가 단지에 있는 매물이라면 A 매물의 가격이 합리적이어도 매수해서는 안 됩니다.

제가 이 책을 쓰는 이유가 바로 이것입니다. 어쩌면 제가 부동산 전문가의 탈을 쓴 빌라 업자, 지분 쪼개기 업자의 비즈니스 모델의 실체를 고발한 것입니다. '부동산 황금가격'에 맞게 투자한다면 시장이 어려워서 당장은 물리더라도 결국 시간이 보상해줍니다. 그러나 투기 세력에 의해 제대로 설계당한다면 회복할 길이 없습니다.

이로써 2부까지 마쳤습니다. 최대한 참고자료를 활용해 설명했지만 바로 이해하는 데는 많은 시간이 걸릴 수 있습니다. 그래도 은퇴 이후를 대비하고 싶다면, 자녀의 결혼자금을 마련하고 싶다면, 또는 성공해서 부모님께 효도하고 싶다면 이 책을 반복해서 읽고 '단계별 인허가 시세 모델'을 직접 만들어보세요. 반복 학습을 하면 반드시 답이 보일 것입니다.

3부

유망 지역 가격 분석

: 실전 투자 분석

14장

1기 신도시 재건축 아파트, 일산과 분당 중 어디?

여기까지 읽었다면 과거의 자신과는 확실히 많이 달라져 있을 것입니다. 일반 대중보다 많은 것을 알고 있다고 자부해도 됩니다. 3부에서는 지금까지 배운 1~4원칙을 실전처럼 적용해보겠습니다. '재건축, 재개발, 상가재건축 사례'를 통해 다양한 부동산 영역의 적정가 판단을 해보겠습니다.

노후계획도시 재건축을 추진하는 이유: 정부는 왜 재건축 카드를 만질까?

일반 대중은 부동산을 입지 중심으로 판단합니다. 가령 해당 매물의 투자가치뿐 아니라 정비사업 가능성마저 입지를 기준으로 판단합니다. 예를 들면 강남이나 용산 같은 상급지들이 시세도 잘 오르고 정비사업도 막힘없이 진행된다고 믿는 것입니다.

그러나 결과도 반드시 그럴까요? 우리는 입지 좋은 강남의 대장 아파트들도 하락장에 맥을 못 추고 있는데 비해, 여의도의 50년 넘은 아파트들이 인허가와 인센티브 때문에 시세가 방어되거나 오르는 것에 주목해야 합니다.

여의도 아파트들을 거점(인허가, 인센티브)으로 지정해 재건축을 활성화하는 것은 정부의 '건설 경기 활성화 정책'과 맥을 같이한다고 보면 됩니다. 과거 2008년 금융위기를 겪으며 당시 정부는 건설경기 활성화를 위해 전국 단위로 대규모 뉴타운 사업을 펼쳤습니다. 물론 많은 구역이 지지부진한 사업 진행으로 해제되었지만, 이런 정책 덕분에 비교적 빠르게 경제를 회복한 것도 사실입니다.

반복되는 역사

현재 국제 정세가 심상치 않습니다. 그 결과 국내 경제 또한 심각한 상황입니다. 이미 여러분은 가파른 물가 상승을 피부로 느끼고 있을 겁니다. 2023년 말 윤석열 정부는 과거 뉴타운 사업의 실무자를 국토교통부 장관으로 임명했습니다. 무슨 의도일까요? 이미 여러 차례 건설경기 활성화로 경기부양에 성공한 경험이 있기 때문에 똑같은 정책을 다시 추진하려는 것입니다. 결국 역사는 반복됩니다.

뉴타운 사업을 적극적으로 밀었던 2008년은 노후계획도시 아파트들의 재건축 연한이 되지 않았을 때입니다. 따라서 재건축 사업은 일부 주공아파트를 제외하고는 낯선 영역이었습니다.

그러나 지금은 상황이 다릅니다. 지금으로부터 20~30년 전에 만들어진 노후계획도시 아파트들의 재건축 연한이 돌아왔고, 이에 정부는 노후계획도시정비특례법을 제정해 해당되는 전국의 모든 아파트를 재건축하려고 합니다. 물론 뉴타운 사업을 밀어붙였던 시절에도 그러했듯이 모두 성공한다고 볼 수는 없지만, 많은 투자자에게 하락장에도 수익을 안겨줄 유일한 투자처임에는 분명합니다.

노후계획도시정비특례법의 주인공은 경기도의 1기 신도시들입니다. 1기 신도시들에는 분당, 일산, 평촌, 중동, 산본 등이 있지만, 여기서는 일산신도시를 중심으로 이야기해볼 예정입니다.

제가 일산신도시를 콕 짚은 이유는 1기 신도시 대상 지자체 중에서 가장 진심으로 재건축 사업에 임하고 있기 때문입니다. 2024년 1월 기준, '노후계획도시 재건축 주민설명회'를 연 지자체는 고양시와 성남시뿐입니다.

한편 분당신도시의 재건축 선도지구 지정은 재건축 마스터플랜 수립 완료 이후로 미뤄졌습니다. 그런데 일산신도시는 재건축 선도지구로 이미 '역세권 복합·고밀개발 통합정비 단지(네 개), 대규모 블록 통합정비 단지(네 개), 기타정비 단지(한 개)'를 지정해놓은 상태입니다. 즉 지

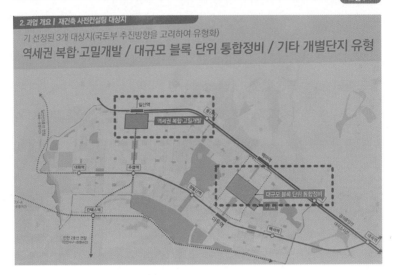그림 3-1

고양시의 '노후계획도시 재건축 주민설명회'.

자체의 추진력을 따져볼 때 고양시가 개중 가장 빠른 행보를 보이고 있는 것입니다.

하락장에서도 시세가 오르는 재건축 아파트는 '기세'가 제일 중요합니다. 여의도 같은 경우는 한양아파트, 시범아파트 등이 자발적으로 신속통합기획을 추진하고 있고, 목동은 2023년에 지구단위계획이 확정되었습니다. 인허가와 인센티브가 확정되자 투자자들이 몰려들었고 여의도와 목동은 하락장 와중에 반등에 성공했습니다.

이런 사례를 볼 때 경기도에서는 고양시의 노후계획도시 아파트들이 가장 먼저 끼를 발산할 것으로 예상됩니다. 따라서 고양시에서도 가장 대표적인 재건축 지역인 일산신도시를 중심으로 가격 분석을 해보겠습니다.

거점 파악하기
거점 1: 킨텍스, 고양문화관광단지, 고양방송영상밸리, 일산테크노밸리 등

마포구 상암DMC는 광역중심(거점)으로 지정되어 있습니다. 원래 여의도에 있던 방송국들을 이곳으로 하나둘씩 이전하며 계획적으로 개발했습니다. 그렇다고 해서 상암DMC 광역중심을 서울 시민만을 위한 일자리로 채우지는 않을 것입니다. 인근 경기도 주민들, 특히 고양시 주민들을 위한 일자리도 많아야 합니다. 따라서 고양시에도 상암DMC 광역중심과 시너지 효과를 낼 만한 콘텐츠 관련 일자리 거점들을 대규모로 조성할 계획입니다. 그런 사업지들이 [그림 3-2]에 소개된 거점들입니다.

물론 거점 사업 단계에서는 모든 것이 잘될 수 없습니다. 대표적으로 고양문화관광단지 내에 조성할 예정이었던 CJ라이브시티의 핵심 시설인 아레나의 공사가 2023년 4월 돌연 중단되었습니다.

이는 분명 악재지만 고양시가 후속 계획을 얼마나 빠르게 실행하는지가 더 중요합니다. 이미 킨텍스 주변이 GTX-A 역세권으로 개발되고 있고, 킨텍스 원시티와 힐스테이트 일산 등 초고층 빌딩까지 들어선

그림 3-2

고양시 주요 거점의 위치 및 범위.

그림 3-3

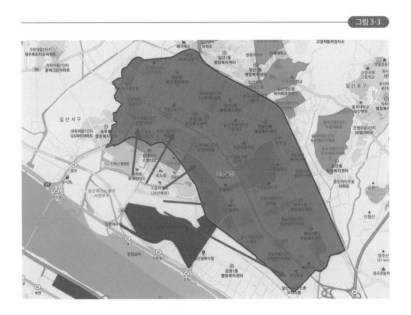

일산신도시(노후계획도시)의 범위와 거점의 확장.

상황입니다. 우리는 지정된 거점이 확장성 있게, 또 강하게 주변부로 뻗어나가는지만 확인하면 됩니다.

거점 2: 노후계획도시 자체

2024년 기준 정부는 노후계획도시 자체를 거점으로 보고 있습니다. 과거 서울의 과밀화를 방지하기 위해 조성된 신도시들은 그간 양질의 주거지를 충분히 공급해왔습니다. 하지만 도시의 트렌드가 '직주근접 (일자리와 주거지의 일체화)'으로 바뀌면서 경쟁력을 잃기 시작했습니다.

따라서 노후계획도시 재건축은 과거 도시 정책의 한계를 정부가 책임지고 극복하는, 즉 정부 주도로 직주근접 트렌드에 맞게 다시 개발하는 사업입니다. 단순히 낡은 아파트를 대규모로 재건축하는 사업이 아니라, 양질의 일자리와 상권까지 공급하는 '도시 대개조 사업'인 것입니다.

한강변 기준 최대 15층까지만 높일 수 있었던 여의도 아파트들을 상업지역으로 종상향해주는 이유도 도심 일자리 공급 때문입니다. 재건축 소유주들 처지에서도 사업성을 확보할 수 있기 때문에 반대할 이유가 없습니다.

따라서 일산신도시의 대규모 재건축도 일자리 공급의 연장선으로 봐야 합니다. CJ라이브시티 사업이 중단되었다고 해도 현 정부 정책상 거점의 범위 자체가 일산신도시 전체로 확장되었기 때문에 실망할 필요는 없습니다. 결국 서울 도심으로 출근하는 경기도민의 주거지 역할만 수행하던 일산신도시가 거점으로 격상됨으로써, 일자리 관련 시설들이 들어설 토지 개발도 대폭 활성화되는 등 토지 이용의 효율성이 극대화되었습니다.

한발 더 나아가 고양시는 일산신도시뿐 아니라 화정지구, 능곡지구까지 노후계획도시에 포함해 재건축 사업을 추진하려고 합니다. 왜 그럴까요?

도시기본계획 원문 분석하기

각 지자체의 도시기본계획을 보면 서울과 마찬가지로 **도심, 부도심, 지역중심 등** 거점을 가리키는 명칭들이 있습니다. 이 중 '도심'은 해당 지자체에서 가장 일자리가 많아야 하는 거점입니다. 창릉신도시는 3기 신도시기 때문에 어차피 빈 땅에 양질의 일자리를 공급하기만 하면 그만입니다. 그런데 일산신도시나 화정지구처럼 사방팔방 온통 아파트뿐인 곳에는 대체 어디에 양질의 일자리를 유치할 수 있을까요? 사실상 재건축밖에 방법이 없습니다.

재건축 아파트 소유주들에게는 인허가와 인센티브를 주어 신속하게 사업을 추진하고, 이에 대해 반대급부로 받은 땅을 지자체가 개발해 양질의 일자리를 유치할 것입니다. 입지 좋은 은마아파트도 아직까지 재건축을 못 했는데 경기도의 변두리 지역인 일산신도시가 빠르게 재건축할 수 있을까요? 소유주들이 자신감을 가지고 적극적으로 추진한다

그림 3-4

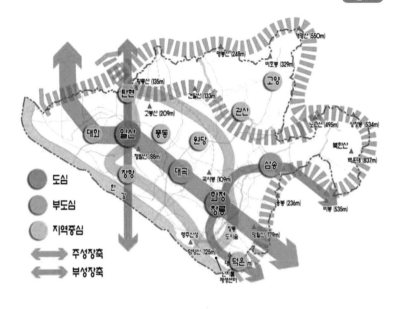

고양시는 일산신도시와 화정·창릉지구를 도심(거점)으로 지정했습니다.
출처: 2035년 고양 도시기본계획

면 충분히 가능합니다. 우리나라의 재건축 역사를 통틀어 보면 신속하
고 **빠른 진행 덕분에 입지 역전 현상**이 발생한 사례가 무궁무진합니다.

매물 사업성 분석하기

본격적으로 사업성을 분석할 매물은 2023년 7월 24일 고양시에서

발표한 '재건축 사전 컨설팅 대상 단지' 중 역세권 복합·고밀개발 대상지로 지정된 후곡마을 3, 4, 10, 15단지로 한정하겠습니다.

일산신도시에는 주엽역(3호선), 킨텍스역(GTX-A), 일산역(경의중앙선) 등 많은 역세권이 있습니다. 이 중 가장 변두리처럼 보이는 경의중앙선 라인의 후곡마을 3, 4, 10, 15단지를 역세권 복합·고밀개발 대상지로 지정한 배경부터 이해해야 합니다.

우리는 일반적으로 부동산을 선택할 때 가능한 차별화할 수 있는 곳을 선택하려고 하지만, 반대로 지자체장은 낙후된 지역을 '균형개발' 하는 데 많은 노력을 기울입니다. 예를 들어 이미 좋은 강남역 일대의 건물들을 재건축한다고 해도 그렇게 티가 나지 않겠지만, 청량리역처럼 집창촌이 형성된 곳을 일제히 재개발해버리면 한눈에 보아도 크게 티가 날 뿐 아니라 지자체장의 업적으로 대서특필될 것입니다. 이런 이유로 균형개발을 꾸준히 하는 것입니다.

일산역은 경의중앙선을 경계로 북쪽에는 노후 구도심이 있습니다. 그 초입에 'e편한세상 일산 어반스카이'라는 초고층 아파트가 있는데, 노후 구도심 재개발의 대표적인 유형입니다. 고양시장으로서는 일산역 일대를 천지개벽하는 것이 자신의 업적을 세우는 데 매우 필요한 일일 것입니다.

일산역을 거점다운 곳으로 만들기 위한 노력은 지금도 계속되고 있습니다. 시흥시와 부천시를 잇는 서해선이 경의중앙선까지 이어지게 편성되었고, 인천2호선 또한 일산역까지 연장됨으로써 서부 수도권 지역

그림 3-5

일산역은 경의중앙선과 서해선 정차역입니다.

의 교통 중심지로 우뚝 서는 중입니다.

이런 배경을 이해한다면 후곡마을 3, 4, 10, 15단지를 역세권 복합·고밀 개발 대상지로 삼은 이유를 쉽게 이해할 수 있을 것입니다. 대외적인 명분은 일산역세권을 고양시의 역세권 거점으로서 균형개발하는 것이고, 이로써 재건축 사업성을 최대한 끌어올려 아파트 소유주들이 사업의 속도를 높일 여건을 마련해주는 것입니다.

후곡마을 3, 4, 10, 15단지의 최대 용적률은 고양시와 국토교통부가 협의하는 사안으로 아직 알 수 없습니다. 그러나 네 개 단지의 기존 용적률이 181~182%인 점을 고려하면, 400% 정도의 종상향만 받아도 기존 용적률 대비 무려 두 배 이상 증가한 것이기 때문에 사업성이 매우 좋아집니다.

물론 인허가와 인센티브 혜택을 받게 되면 기부채납이라는 마이너스 요소도 따라옵니다. 고양시도 이 점을 인지하고 **건축물 기부채납에 대한 계수**를 기존 0.7에서 1.0~1.2 수준으로 늘려주었습니다. 쉽게 비유하면 기존에는 70억 원만 인정해주었던 기부채납분을 앞으로 100~120억 원까지 인정해준다는 것입니다. 이렇게 되면 재건축 아파트 소유주들은 30~50억 원 정도의 비용 절감 효과를 얻게 됩니다.

이로써 사업성이 좋지 못했던 노후계획도시 아파트들이 거점으로 지정되면 재건축 사업 속도가 빨라질 것입니다. 이러한 효과는 일산신도시 전체에 긍정적인 영향을 미칠 것입니다.

│ 부동산 황금가격 분석하기

고양시의 시세도 분석할 수 있습니다. 다만 고양시의 도심에 해당되는 일산신도시와 화정지구에 풍부한 개발 사례가 부족한 것이 아쉽습니다.

하지만 그렇기 때문에 향후 도심부 개발 사례가 늘어나면 해당 데이터의 신뢰성은 더욱 높아질 것입니다. 의미 있는 개발 지역들을 종합해

그림 3-6

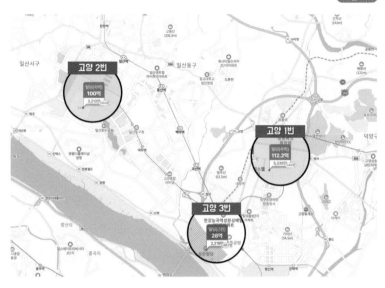

고양시의 주요 거점 내 개발 사례를 통해 시세 분석을 할 수 있습니다.

출처: 부동산플래닛

시세를 정리하면 다음과 같습니다.

· 고양 1번(화정동 1002-5번지): 매매가 112억 2,273만 원(평당 5,335만 원)

· 고양 2번(대화동 2199-1번지): 매매가 100억 원(평당 3,210만 원)

· 고양 3번(토당동 343-1번지): 매매가 28억 원(평당 2,319만 원)

고양 1번은 화정역세권(3호선)에 포함된 곳으로 도심부 상업지역의 매입 사례이기 때문에 가장 중요한 지표입니다. 실제로 화정역세권은 저의 지난 책에서도 핵심적으로 다룬 곳으로, 고양시 내에서 개발 수익이 가장 큰 지역 중 하나입니다.

고양 2번은 대화역세권(3호선)에 포함된 곳으로 원칙상 도심부는 아니지만 노후계획도시(일산신도시)의 범위에 포함되기 때문에 의미 있습니다. 실제로 해당 건물은 매입 후 LH전세주택으로 신축되었기 때문에 중간 거점의 시세라고 봐야 합니다.

고양 3번은 능곡역세권(경의중앙선, 서해선)에 포함된 곳으로 화정지구 도심부 인근의 상업지역 재개발에 해당합니다. 정확하게는 '능곡6재정비촉진구역' 내 매물인데, 능곡6재정비촉진구역은 사업시행인가 승인 문제로 고양시와 갈등을 빚었으나 최근 해결되었습니다. 사실상 능곡6재정비촉진구역은 조합설립인가 단계의 시세라고 봐도 무방합니다.

고양시(일산신도시와 화정지구 도심부)에 단계별 인허가 시세 모델을 적용하면 다음과 같이 시세가 형성됩니다.

1. 조합설립인가에 해당되는 2단계에는 평당 2,300만 원 내외가 적정가입니다.
2. 사업시행인가에 해당되는 3단계에는 평당 3,200만 원 내외가 적정가입니다.
3. 관리처분인가에 해당되는 4단계에는 평당 4,200~5,300만 원이 적정가입니다.

그림 3-7

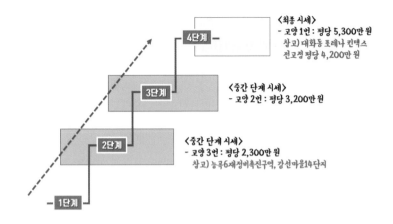

고양시(일산신도시와 화정지구 도심부)의 단계별 인허가 시세 모델.

　이 기준에 따른다면 다음 아파트들에 왜 해당 시세가 형성되었는지 충분히 이해할 수 있습니다.

> ㄱ. 강선마을14단지 두산아파트(주엽동 101번지): 2023년 11월 25일, 25평형
> 　 기준 5억 7,000만 원(평당 2,280만 원)
> ㄴ. 후곡마을4단지 금호한양아파트(일산동 1066번지): 2023년 9월 14일, 31
> 　 평형 기준 6억 3,000만 원(평당 2,032만 원)

　강선마을14단지는 '리모델링 조합'이 이미 설립되었고 시공사로 현대건설이 선정되었습니다. 한편 후곡마을4단지는 '재건축 사전 컨설팅

대상 단지'에 포함되었기 때문에 다른 일산신도시 아파트들에 비해 시세가 높은 것이 사실입니다. 그러나 평당 2,300만 원을 돌파하기 위해서는 고양시의 개발 사업이 전체적으로 활발해져 땅값이 상승하거나, 해당 단지들이 사업시행인가에 해당되는 단계에 돌입해야 합니다.

한편 일산신도시의 아파트 시세를 고려한다면 1단계에 해당되는 구간이 가장 바닥이 될 것입니다. 최저가 급매물을 줍는 것은 현실적으로 무리지만 평당 1,400만 원 선에 매수한다면 평당 1,000만 원의 기대이익을 충분히 예상할 수 있습니다.

2024년 1월 기준, 해당 가격 기준을 충족하는 단지로는 문촌주공7단지 등이 있습니다. 특히 문촌주공7단지는 문촌주공9단지에 비해 주엽역(3호선)과의 거리가 더 멀기 때문에 시세가 다소 낮게 형성되어 있습니다. 그러나 기본적으로 주공아파트는 여타 민간 아파트보다 재건축 사업 시 정책적으로 많은 배려를 해주고 있고, 그만큼 사업성이 양호하기 때문에 주공아파트만 전문적으로 투자하는 사람들의 관심을 받을 가능성이 큽니다.

최종 결론

지난 상승장 때 상당수의 지방 거주 투자자가 서울 외곽 지역(노도강)의 재건축 예정 아파트에 투자했습니다. 인구 감소 시대이자, 저성장 시대기 때문에 지난 상승장을 단지 '광기'로 치부하는 사람들도 있으나, 서울은 기본적으로 서울 사람만 매수하는 게 아닙니다. 서울과 아무 연고도 없는 지방 사람, 심지어 외국인들도 투자하는 곳이기 때문에 터무니없는 '광기'가 아닌 것입니다.

신축 아파트에 대한 대체제로서 서울 외곽 지역의 재건축 예정 아파트에 수요가 몰린 결과 해당 아파트들의 매매가가 상승하면서 갭가격이 벌어지기 시작했습니다. 더는 소액 투자가 불가능해졌기 때문에 경기도 지역까지 투자 범위가 확장되었고, 일산신도시와 분당신도시 같은 1기 신도시의 재건축 예정 아파트까지 투자자들이 몰려들기 시작했습니다.

그러나 대부분의 1기 신도시는 여의도나 목동처럼 재건축 가이드라인이 확실히 마련되어 있지 않았습니다. 실제로 하락장이 시작되자, 대부분의 지역은 곧바로 강하게 조정되었습니다. 본래 1기 신도시 아파트들의 상승세는 재건축 가능성이 높아서 오른 게 아니었기 때문에 어찌 보면 당연한 일이었습니다.

하지만 상황이 변했습니다. 국토교통부가 노후계획도시정비특별법을 제정함으로써 제도적인 인허가 혜택이 마련되기 시작했고, 지자체들은 역세권 복합·고밀개발, 용적률 인센티브 등 재건축 가이드라인을 구축하기 시작했습니다.

투자자들은 확실한 결과를 원합니다. 여의도와 목동의 사례를 지켜본 투자자들은 다음으로 전고점 회복이 빠를 곳으로 예상되는 노후계획도시를 꾸준히 노릴 것입니다. 그 기준은 바로 지자체의 행정력입니다. 현재 고양시가 추진하고 있는 재건축 사업은 매우 놀라운 수준이며 GTX-A 개통과 함께 최대 이변을 일으킬 가능성이 있습니다.

✓ 재건축으로 천지개벽한 개포동

지금은 속된 말로 '개도 포르쉐 타는 동네'라고 알려진 강남구 개포동. 그러나 처음부터 개포동의 앞날이 밝은 것은 아니었습니다. 쉽게 설명하면 정치인들에게 희망 고문이나 당하던 찬밥 신세였습니다. 이러한 상황을 잘 보여준 것이 3호선 연장이었습니다. 당초 계획은 3호선이 개포동 일대를 지나는 것이었으나, 대치동의 표심을 의식한 정치인들 때문에 이 계획은 결국 좌절되었습니다. 입지적 위상에서 철저하게 대치동에 패배한 것이었습니다.

개포동과 대치동은 2011년에 재건축으로 다시 한번 진검 승부를 펼칩니다. 2011년은 2008년의 금융위기로 시작된 하락장이 계속 이어지던 때입니다. 오늘날과 유사한 상황입니다. 당시 개포주공아파트 재건축에 투자한 사람들이 많았을까요? 아니면 '영끌'해서라도 은마아파트 재건축에 투자한 사람들이 많았을까요? 당연히 은마아파트가 입지도 좋고 학군도 받쳐주니 더 선호하는 아파트였을 것입니다.

게다가 개포동은 구룡마을과 재건마을 같은 빈민촌까지 있어 입지

그림 3-8

3호선 연장을 놓고 대치동 주민들과 개포동 주민들이 갈등했다는 내용의 기사입니다.
출처: 《동아일보》 1989년 5월 17일 자

적으로 선호되는 지역이 절대 아니었습니다. 그래서 개포동은 '개도 포기한 동네'라고 조롱받았습니다. 그런데 결과는 어떻게 되었을까요?

개포주공3단지

2011년 6월 23일: 개포택지개발지구 지구단위계획 재정비(재건축 가이드
라인).

2013년 1월 22일: 조합설립인가.

그림 3-9

◈ 서울특별시고시 제2011-167호

도시관리계획[개포택지개발지구(공동주택) 제1종지구단위계획]
결정(변경) 및 지형도면 고시

　서울특별시 고시 제2002-227호(2002.06.17.)로 결정.고시된 「개포택지개발지구 제1종지구단위계획」에 대하여 『국토의 계획 및 이용에 관한 법률』 제30조 및 같은법 시행령 제25조의 규정에 따라 도시관리계획 「개포택지개발지구(공동주택) 제1종지구단위계획」을 결정(변경) 고시하고, 『토지이용규제기본법』 제8조 및 같은법 시행령 제7조 규정에 따라 지형도면을 고시합니다.

2011년 6월 23일
서 울 특 별 시 장

Ⅰ. 결정(변경) 취지
　○ 서울특별시고시 제2002-227호(2002.06.17)로 결정된 개포택지개발지구(공동주택) 제1종지구단위계획을 지역여건 변화 및 법령개정에 따른 재정비 계획을 수립하고 도시관리계획 결정(변경) 및 지형도면을 고시하고자 함.

2011년에 개포주공아파트의 재건축 가이드라인이 나왔습니다.
출처: 서울시

2014년 5월 22일: 사업시행인가.

2015년 9월 30일: 관리처분인가.

2016년 6월 21일: 착공.

2019년 8월 29일: 준공(디에이치 아너힐즈).

대치은마아파트

2023년 9월 26일: 조합설립인가.

　한쪽은 조합설립 이후 6년 만에 준공되었습니다. 그러나 다른 쪽은 아직도 별 진전이 없습니다. '재건축 속도는 상급지일수록 빠르다'는 주장은 이 사례에 비춰 보면 옳은 명제라고 보기 어렵습니다. 현재 1기 신도시를 중심으로 한 노후계획도시 재건축 계획은 주먹구구식으로 만든 선심성 정책이 아닙니다. 개포동의 입지 역전 사례 등 과거의 데이터를 바탕으로 각 지자체에서 자신감 있게 추진하는 사업입니다.

2024년 초 언론은 '은마아파트 20년 만에 재건축', '노도강 아파트 분담금 5억 원 폭탄' 같은 과장되고 과격한 표현을 쏟아냈습니다. 그러나 개포주공아파트 등 성공한 재건축 사업에 대해서는 일절 함구하고 있습니다. 그 때문에 이런 역사를 아는 사람들이 얼마 없다는 것이 아쉬울 따름입니다.

15장

동대문구 장안동을 주목하는 이유

투자금이 적은 사회초년생과 그 부모님들이 현실적으로 도전해볼 만한 투자를 문의할 때가 종종 있습니다. 도시기본계획을 잘 숙지한다면 적은 돈으로도 충분히 투자할 수 있습니다. 오세훈 서울시장 취임 이후 신속통합기획과 모아타운이라는 새로운 정비사업이 도입되었습니다. 두 사업의 구체적인 방법과 선정 요건 등은 다르지만, 핵심은 두 사업 모두 '도시기본계획과의 정합성'을 최우선 원칙으로 삼고 있다는 것입니다.

많은 사람이 초기 재개발 정보를 찾습니다. 또한 검증되지 않은 단톡방, 블로그, 카페, 유튜브에 상당히 의존합니다. 서울시가 후보지를 선정하기까지 비공개로 논의가 이루어지기 때문에 공부와 분석보다는 뜬소문에 의지하는 것이죠.

그러나 도시기본계획을 이해한다면 서울시가 어떤 지역을 후보지로 지정할 가능성이 큰지 예상할 수 있습니다. 그간 지정된 신속통합기획과 모아타운 지역들을 조사한 결과 2030서울생활권계획 등에서 개발 필요성을 언급한 지역들과 90% 가까이 일치합니다.

상급지 진출의 교두보

초기 재개발 정보를 언급하는 것은 조심스럽지만 관심 있게 지켜보는 지역이 하나 있습니다. 바로 동대문구 장안동입니다. 동대문구는 서울 25개 자치구 중에서 재개발 관련 행정력이 가장 뛰어난 자치구기 때문에 관련 사례가 많습니다. 그 결과 재개발 시세 상승률도 매우 높은 곳입니다.

지금은 재개발 구역이 아니어서 매매가가 저렴하고 실투자금도 1억원 이하지만, 재개발 구역으로 지정되면 순식간에 매매가가 1~3억 원정도 상승할 곳입니다. 이 때문에 전국의 모든 재개발 투자자가 동대문구를 서울 상급지 진출의 교두보로 삼고 있습니다.

장안동에는 장한평역(5호선)이 있습니다. 해당 역세권은 지구단위계획에 포함된 곳입니다. 이 지구단위계획은 역세권 청년주택 같은 1~2인 가구를 위한 소형주택 보급이 주된 목적입니다. 즉 고밀도 개발을 적극적으로 권장하는 '거점'인 것이죠.

그 결과 기존 땅들이 고가에 매입되었습니다. 높아진 땅값은 장안동의 비역세권 상업지역과 답십리역까지 그리고 배후 일반주거지까지 영향을 미쳤습니다. 답십리역세권 반경에 포함되는 성동구 용답동과 동대문구 답십리동에 역세권 시프트나 모아타운이 유행하는 이유가 바로 이것입니다.

지구단위계획이 무엇인지 최대한 이해하기 쉽도록 설명하면 다음과 같습니다.

지구단위계획이란

도시기본계획을 마음먹고 공부했다면 '지구단위계획'이라는 단어가 눈에 띌 것입니다. 관련해 이런 질문을 많이 받습니다.

"지구단위계획과 거점이 많이 일치하네요?"
"그러면 지구단위계획과 거점은 같은 말일까요?"
"그런데 지구단위계획은 개발을 제한하는 규정이 아닌가요?"

특히 세 번째 질문은 옛날의 투자 공식에서 비롯된 것입니다. 많은 사람이 지구단위계획을 '개발 제한 규정'이라고 생각하는데, 꼭 그렇지만은 않습니다. 그럼 왜 이런 오해가 생겼을까요? 서울시가 생활권 체계를 도입한 것은 아주 최근의 일입니다. 그 전에도 거점이라는 개념이 있었지만, 보통 '개발해서 큰돈 번다=재개발'로 생각해왔습니다. 따라서 지구단위계획에 포함된 지역들은 근처 재개발 구역에 편입할 수 없었을 뿐 아니라, 개발하려면 소규모로 통개발하라는 지침이 있었기 때문에 못 쓰는 땅처럼 여겨졌습니다. 이 때문에 지구단위계획의 진정한 가치를 모르고 매물을 헐값에 팔아버리는 소유주들이 많았습니다. 반대로 그 진가를 잘 알고 있던 디벨로퍼들은 지구단위계획을 이용해서 쉽게 돈을 벌어왔습니다.

서울 25개 자치구 중에서 변두리 중 변두리로 취급받는 노도강 지역에 강북구가 있습니다. 북한산 고도제한에 막혀서 재개발 구역으로 지정되어도 지지부진하기 일쑤고, 그나마 남아 있는 재개발 구역들도 비대위들이 많아 산으로 가기 쉬운 곳입니다.

그러나 수유지구중심 지구단위계획의 건물들(낡은 모텔 등)과 빌라들이 굉장히 비싼 값에 팔리고 있습니다. 이걸 아는 사람들은 수유동 상업지역을 적극적으로 매수하지만, 노도강에 대한 편견이 심한 사람들은 이러한 사실을 보지 못하거나 예외적인 경우로 치부합니다.

물론 개발을 억제하기 위한 지구단위계획도 있습니다. 과거에 도심 철거민들이 서울 각지에 산발적으로 퍼지면서 우후죽순으로 마을과 상권이 형성되었습니다. 그 결과 난개발 사례가 늘어나자 지구단위계획으로 규제한 일이 있었습니다.

우리가 주목할 것은 개발을 권장하는 지구단위계획입니다. 특히 역

그림 3-10

강북구의 경우 북한산과 인접한 지역이 절반에 달합니다.

출처: 네이버지도

그림 3-11

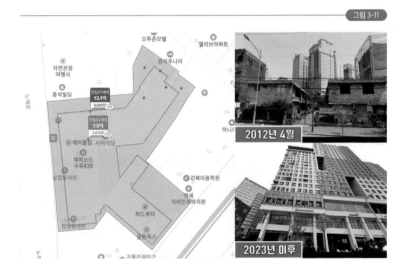

낮은 빌라가 초고층 오피스텔로 신축되면서 상당한 보상을 받았습니다.

출처: 네이버지도, 부동산플래닛

세권인 동시에 서울시가 지정한 거점인 경우에는 별도의 지구단위계획이 마련되기도 합니다. 해당 지역에 역세권 청년주택이나 임대주택을 개발하면 지구단위계획을 초월하는 용적률 인센티브, 최고높이 규제 완화, 용도지역 상향 등의 혜택을 받습니다.

인허가와 인센티브가 만나면 그곳의 땅값은 상승할 수밖에 없으니, 지구단위계획을 중심으로 시세가 오르고 주변부의 재개발과 재건축에도 영향을 미칩니다. 부자가 되기 위해서는 단번에 내 집을 마련하겠다는 생각을 바꿀 필요가 있습니다. 개발을 권장하는 지구단위계획을 적극적으로 공략한다면 큰 수익을 올릴 수 있습니다.

거점 파악하기

결론적으로 장한평역 일대에 지정된 '지구단위계획'은 '거점'과 동일 개념이라고 봐도 무방합니다. 그렇다면 왜 장한평역을 거점으로 지정했는지 이해해야 합니다.

장안동은 중고차 매매상사들이 많기로 유명한 곳이었습니다. 중고차 매매상사가 많은 곳에는 유흥상권이 생겨납니다. 이 때문에 정주환경이 좋지 못할 뿐 아니라 2030 세대에게 외면 받는 곳으로 전락했습니다.

서울시는 이 중고차 매매상사들을 비롯해 유흥상권을 대대적으로 정비하고자 합니다. 연장선에서 제2의 서울숲 프로젝트를 준비 중입니

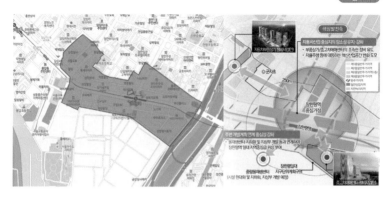

그림 3-12

장한평역 일대 지구단위계획의 범위와 개발 가이드라인.
출처: 동대문구 장안동 일대 종합발전계획

그림 3-13

서울시는 왼쪽의 하수처리장을 오른쪽의 공원으로 탈바꿈하려고 합니다.
출처: 서울하수도과학관

다. 장한평역 인근에 자리한 어마어마한 규모의 폐수처리장을 서울숲 이상의 공원으로 개발하는 프로젝트죠. 혐오시설을 핫플레이스로 만들려면 결국 2030 세대를 위한 양질의 주거지와 일자리, 상권이 필요합니다.

일차적으로 해당 사업은 성공적으로 진행되는 듯 보입니다. 장한평역과 답십리역의 스카이라인이 놀랄 정도로 달라지고 있으며 도시정비형 재개발 사업들도 잘 진행되고 있습니다. 그런데 3인 가구를 위한 아파트 단지들이 부족합니다. 답십리동에는 답십리 래미안 위브와 답십리파크자이가 있지만, 용답동과 장안동에는 신축 아파트 단지들이 절대적으로 부족합니다.

용답동은 이미 자생적으로 재개발 사업을 준비하고 있습니다. 이 때문에 하락장인 2022~2023년 사이에 평당 2,000만 원이었던 단독·다가구 주택의 시세가 평당 5,000만 원으로 수직 상승했습니다. 만약 재개발이 무산되더라도 지자체에서 골목상권 활성화에 관심이 많기 때문에 2030 세대가 선호하는 카페거리로 변화할 가능성이 큽니다. 이렇게 되면 제2의 성수동 카페거리가 될 가능성도 있습니다.

그렇다면 이 기세를 장안동도 충분히 이어받을 수 있을까요? 본래 개발 계획이 뚜렷하지 않았던 장안동이었지만 최근 의미 있는 변화가 일어나기 시작했습니다. 그 시작점이 바로 [그림 3-14]의 동부화물터미널 개발 사업입니다.

화물터미널이 주거지 인근에 있다면 통학로와 보행로의 안전을 확보할 수 없습니다. 거대한 화물차 때문에 아이가 교통사고를 당하지 않을까 불안해할 학부모가 많을 수밖에 없죠. 이런 문제점 때문에 동대문구도 동부화물터미널 개발을 끊임없이 고민해왔습니다. 그 결과 안전

그림 3-14

동부화물터미널의 위치 및 개발 계획.
출처: 동대문구 장안동 일대 종합발전계획

한 보행 환경 구축을 핵심 목표로 삼아 동부화물터미널 부지에 주상복합건물을 세우는 내용의 개발 사업을 준비 중입니다.

　동부화물터미널 부지는 장안동의 외곽 지역에 있습니다. 면목선 착공 시기에 발맞춰 개발 계획이 본격적으로 실행될 것입니다. 쉽게 해석하면 장안동 거점 개발이 중심부에서 주변부까지 확장되고 있는 것입니다. 그럼 우리는 장안동의 어느 지역에 주목해야 할까요?

그림 3-15

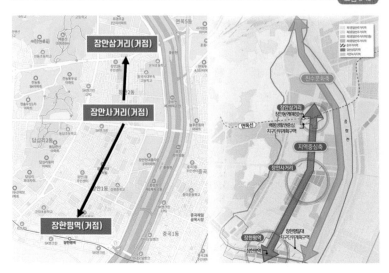

장안동 거점의 확장 계획입니다.
출처: 동대문구 장안동 일대 종합발전계획

도시기본계획 원문 분석하기

앞서 서울시의 최근 재개발 트렌드인 신속통합기획과 모아타운에서 공통적으로 강조하는 사항이 '도시기본계획과의 정합성'이라고 설명했습니다. 쉽게 이야기해서 특정 지역에 재개발 사업을 해야 하는 정당한 명분을 부여하는 것입니다. 재개발 지역에 투자할 때 반드시 꼼꼼하게 따져봐야 할 도시기본계획 문서로는 2030서울생활권계획과 2025 서울특별시 도시·주거환경정비기본계획이 있습니다. 해당 문서들에서 재개발을 암시하는 지역들의 교집합을 찾는 것이 중요합니다. 그다

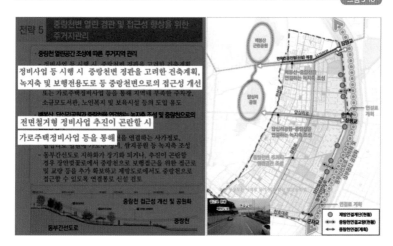

그림 3-16

장안동 재개발 가이드라인.
출처: 2030서울생활권계획

음에는 지자체장이 장안동을 어떻게 개발하고자 하는지 행간을 파악해야 합니다. 이런 과정을 거쳐서 새롭게 지정될 재개발 지역이 어디일지 판단해보겠습니다.

2030서울생활권계획에 따르면 정비사업 시행 시 원칙적으로 중랑천변과의 접근성을 개선해야 합니다. 이 말을 풀면 재개발 사업을 할때 공공보행통로를 확보해서 중랑천 산책길을 조성해야 한다는 의미입니다.

그렇다면 구체적으로 공공보행통로를 어디에 확보하겠다는 것일까요? 2025 서울특별시 도시·주거환경정비기본계획에 자세히 나와 있

그림 3-17

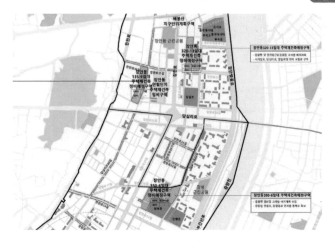

장안동 재개발 가이드라인.
출처: 2025 서울특별시 도시·주거환경정비기본계획

그림 3-18

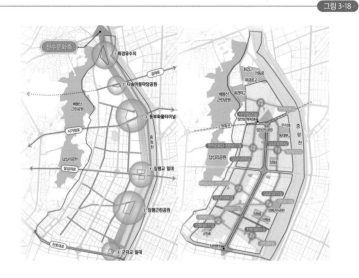

장안동 일대 재개발 가이드라인.
출처: 동대문구 장안동 일대 종합발전계획

습니다. [그림 3-17]의 한천로36길과 장한로31길 등 빨간색 선으로 처리된 곳들이 바로 공공보행통로 확보 지점입니다. 즉 해당 지역을 중심으로 재개발을 추진하겠다는 것이죠.

2030서울생활권계획과 2025 서울특별시 도시·주거환경정비기본계획이 마련되었더라도, 동대문구청장이 재개발 사업에 관심이 없으면 아무런 효과가 없습니다. 따라서 동대문구청장이 장안동을 어떻게 바라보고 있는지 확인해야 합니다. 2024년 상반기까지의 행보를 살펴보면 동대문구청장도 장안동 일대를 개발할 의지를 품고 있는 것으로 보입니다. 아예 장안동 일대를 모아타운 시범 구역으로 지정하겠다고 대표 공약으로 내세우기도 했습니다. 2023년 4월 17일에는 '장안동 일대 종합발전계획 주민설명회'를 개최하며 장안동 개발 비전을 제시했습니다.

장안동 일대의 도시기본계획과 최근 동대문구의 행보를 통해 알 수 있는 사실은 장안동 일대의 거점이 면목선 개통 예정지인 장안동삼거리까지 확장되고 있다는 것입니다. 또한 배후 주거지의 재개발 사업에 대한 가이드라인이 세부적으로 마련되어 있습니다. 이렇게 되면 투자를 안 하는 것이 이상해 보일 수 있지만, 어떤 상황에서든 제대로 따져보지 않은 채 투자하는 일은 지양해야 합니다. 따라서 다음 단계를 거치며 투자 여부를 판단해봅시다.

부동산 황금가격 분석하기

실제로 추진 중인 재개발 구역이 없기 때문에 현재로서는 사업성 분석이 불가능합니다. 따라서 재개발 가능성이 큰 지역을 임의로 선정해 핀포인트 투자를 해야 하며, 가격 거품이 끼지 않은 매물을 매수해야 합니다.

이제 장안동 일대 주요 거점의 시세를 분석해서 적정가를 추정할 것입니다. 그다음 가상의 매물을 선정해 해당 가격이 적정가인지 그리고 지금 투자하면 현실적으로 얻을 수 있는 예상 수익은 어떻게 되는지 판단하겠습니다.

· 장안동 1번(장안동 368-4번지): 매매가 360억 원(평당 1억 3,314만 원)

· 장안동 2번(용답동 225-5번지): 매매가 170억 원(평당 8,490만 원)

· 장안동 3번(전농동 295-5번지): 매매가 42억 5,000만 원(평당 7,204만 원)

장안동 1번에 해당되는 지역은 장안사거리 일대입니다. 역세권에는 포함되지 않지만 디벨로퍼들이 가장 먼저 진출해 고밀도 개발을 한 지역이기 때문에 장안동 거점 중에서 땅값이 가장 비쌉니다.

장안동 2번에 해당되는 지역은 장한평역 일대입니다. 지번이 용답동이어서 헷갈릴 수 있지만, 장한평 일대 지구단위계획에 포함되었기 때문에 장안동 2번 지역이라고 했습니다. 실제로 역세권 지구단위계획에 포함된 경우와 비슷한 시세에 실거래되고 있습니다.

그림 3-19

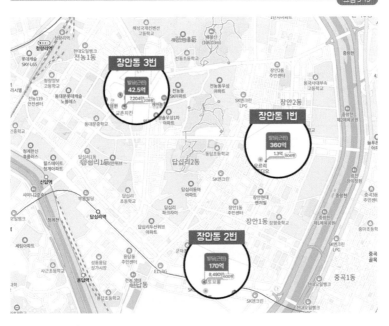

장안동(답십리동, 전농동 포함) 주요 거점의 시세입니다.
출처: 부동산플래닛

　장안동 3번에 해당되는 지역은 전농지구중심입니다. 사실 장안동 3번은 원칙상 동부화물터미널 인근 지역이어야 합니다. 하지만 개발 사례가 없어서 시세 파악이 불가능하다면 유사한 지역을 최대한 찾아봐야 합니다.

　다행히 면목선역세권 중 하나인 전농동사거리에는 전농지구중심 지구단위계획이 마련되어 있고, 면목선 개통 시 장안삼거리와 불과 한 정

그림 3-20

장안동 3번에 해당되는 전농지구중심과 장안삼거리와의 거리.
출처: 서울도시계획포털

거장 거리만 떨어져 있습니다. 따라서 장안삼거리 일대에 개발 사례가 생긴다면 전농지구중심의 시세를 일차적으로 추종할 것으로 예상할 수 있습니다.

장안동에 단계별 인허가 시세 모델을 적용하면 다음과 같이 시세가 형성됩니다.

1. 조합설립인가에 해당되는 2단계에는 평당 7,200만 원 내외가 적정가입니다.

2. 사업시행인가에 해당되는 3단계에는 평당 8,500만 원 내외가 적정가입

그림 3-21

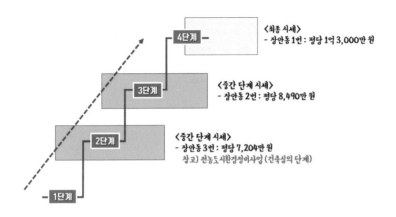

<최종 시세>
- 장안동 1번 : 평당 1억 3,000만 원

<중간 단계 시세>
- 장안동 2번 : 평당 8,490만 원

<중간 단계 시세>
- 장안동 3번 : 평당 7,204만 원
  참고) 전농도시환경정비사업 (건축심의 단계)

장안동의 단계별 인허가 시세 모델.

니다.

3. 관리처분인가에 해당되는 4단계에는 평당 1억~1억 3,000만 원이 적정
   가입니다.

조합설립인가에 해당되는 2단계의 시세가 다소 높아 보일 수 있습니
다. 도시정비형 재개발 지역은 주변 건물의 시세를 잘 따라가는 반면,
신속통합기획이나 뉴타운으로 진행되는 일반 재개발은 그에 미치지
못할 수 있기 때문입니다.

분명한 점은 동대문구의 땅값이 상당히 높게 받쳐주기 때문에 재개
발 수익도 상당히 높을 수 있다는 것입니다. 가령 실제로 정비사업이

그림 3-22

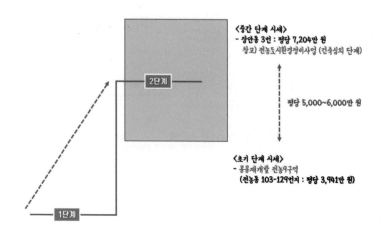

장안동 초기 단계(1~2단계)의 세분화된 시세.

진행 중인 전농도시환경정비사업의 매물 중 하나인 '전농동 679-4번지'만 하더라도 2021년 9월 6일에 11억 4,000만 원 정도로 거래되었습니다. 전용면적으로 환산하면 평당 7,823만 원으로 장안동 3번과 유사하다고 볼 수 있습니다.

일반 정비사업(신속통합기획, 모아타운 등)으로 진행하면 시세를 미시적으로 분석할 필요가 있는데, 1~2단계를 쪼개면 [그림 3-22]와 같은 시세 상승이 예상됩니다. 이때 인근 지역에 재개발 사례가 있다면 신뢰할 만한 시세일 가능성이 큽니다.

대표적으로 전농9구역의 공공재개발 매물인 '전농동 103-129번지' 다세대주택은 2022년 2월 5일에 6억 7,000만 원으로 거래되었는데, 전용면적으로 환산하면 평당 3,941만 원입니다. 참고로 전농9구역은 2023년 6월 29일에 공공재개발 정비구역으로 지정되었습니다. 그다음으로 가상 매물의 시세를 분석해보겠습니다. 해당 매물의 정보는 아래와 같습니다.

> 장안동 다세대주택(실제 컨설팅 매물이었기 때문에 지번 공개는 불가합니다.)
> ·매매가: 2억 원
> ·전용면적: 10.89평
> ·전세가: 4,000만 원(실투자금 1억 6,000만 원)
> ·용도지역: 제3종 일반주거지역

임장 결과 해당 매물 일대의 신속통합기획을 추진하는 조직과 모아타운을 추진하는 조직이 서로 주도권 싸움을 벌이고 있었습니다. 그렇다면 투자하면 안 되는 곳으로 생각할 수 있겠으나, 통상 지자체장이 관심을 보이는 초기 재개발 지역의 경우는 지자체가 중재자 역할을 자처하는 경우가 많기 때문에 주민들이 선호하는 방향으로 정비사업이 결정될 가능성이 큽니다.

또한 전용면적 기준 평당 1,836만 원이라면 향후 정비사업지로 지정될 시 평당 4,000만 원 정도의 기대 이익을 예상해볼 수 있습니다. 한 발 더 나아가 정비사업 속도가 본격적으로 빨라지기 시작한다면 평당

6,000만 원까지의 기대 이익도 예상해볼 수 있습니다. 물론 상승장까지 맞물린다면 사업시행인가가 도래하기 직전에는 평당 7,000~8,000만 원까지의 기대 이익을 예상해볼 수 있습니다. 즉 매매가 2억 원짜리 빌라가 한순간에 8억 7,000만 원짜리 빌라로 탈바꿈하는 것입니다.

최종 결론

재개발 투자가 어렵고 사기꾼들이 판을 치는 이유는 정보의 비대칭성과 매물의 가격 왜곡이 쉽다는 점 때문입니다. 심지어 재개발 투자를 10년 이상 해본 사람들마저도 적정가를 판단해서 투자하는 경우가 많지 않습니다.

따라서 막연히 감정평가가 후할 것 같은 신축 빌라를 사거나, 대지지분이 무조건 큰 매물을 사거나, 입지 좋은 상급지지만 실투자금이 적은 매물을 사는 것이 지금까지 초기 재개발 투자의 전부였습니다. 특히 대지지분이 큰 매물을 사야 한다는 생각을 가진 사람들은 자신이 재개발 투자를 매우 잘한다고 과신한 나머지 재개발 지역의 전체 사업성을 고려하지 않은 경우가 많습니다.

한편 정보의 비대칭성 때문에 명성이 높은 전문가가 찍어주는 재개발 매물을 흔히 매수하지만, 문제는 이런 전문가들이 진심으로 지역 분석을 하는지 여부입니다. 오히려 크게 한탕 해 먹을 생각에 1년도 안 되어 빠르게 '10만 구독자'를 달성한 다음 전문가 행세를 하면서 재개발 사업이 어려운 매물을 팔아 치우다가 잠적해버리는 일이 종종 발생합니다.

그러나 이제는 우리에게 강력한 버팀목이 있습니다. 바로 '도시기본계획'입니다. 사실 초기 재개발 지역을 예측하고 선점하는 것은 쉽지 않지만, 꾸준히 모의투자를 하면서 실력을 갈고닦는다면 어느 순간 분명히 보이게 됩니다.

도시기본계획에 언급된 재개발 관련 실마리들과 최근 고시문들을 추적하면서 매수할 범위를 좁히는 작업을 꾸준히 한다면 나도 모르는 사이에 남들이 쉽게 얻을 수 없는 실력이 생기게 됩니다. 이건 제가 여러 사람을 지도하면서 내린 결론입니다. 평범한 직장인이나 주부 또는 사회초년생인 2030 세대나 은퇴한 5060 세대인데도 상당한 실력을 연마해 뽐내는 분들이 많습니다. 즉 여러분도 할 수 있습니다.

16장

강서구 등촌동의 미래

앞서 저는 가장 효율적인 투자를 하려면 거점에 바로 투자하면 된다고 했습니다. 그러나 우리는 수십억 자산가가 아니기 때문에 이런 투자를 하고 싶어도 쉽지 않습니다. 그렇다면 아예 불가능한 영역일까요? 그렇지 않습니다. 거점의 노후 건물 중에는 구분상가나 오피스텔 등이 있습니다. 이런 곳은 소액으로도 충분히 투자할 수 있습니다.

이번 장에서는 비주택(구분상가) 투자를 다루겠습니다. 익숙하지 않은 영역이겠지만 최근 중앙정부와 지방정부 모두가 크게 관심을 보이는 영역이고, 주택과 비교해 단기간에 큰 수익을 낼 수 있는 영역이므로 소액 투자자일수록 반드시 알아야 하는 내용입니다.

하락장에 부동산 개발을 더 밀어주는 이유

2023년 9월 26일에 국토교통부가 '9·26정책'을 발표했습니다. 이를 한마디로 정리하면 '경기침체가 가시화되고 있으니 건설경기 활성화로 경기를 부양해야 한다'입니다. 그러면서 현재 규제 지역으로 남아 있는 서울 강남구의 비주택 규제를 해제했습니다. 비주택 개발이 곧 건설경기 활성화라는 힌트를 던져준 것이죠.

한편 언론은 PF대출 부실이 심각하다고 연일 보도 중이지만, 국토교통부는 오히려 PF대출 확대를 적극적으로 검토 중입니다. 사실 이름 있는 건설사들이 휘청이는 것은 사실이지만, 대한민국은 이미 지난 두 번의 경제위기를 'PF대출 증가 → 건설경기 활성화'로 극복한 경험이 있습니다.

혹자는 134조 원을 반도체 사업에 쏟아붓는 미국과 비교하면서 부동산 살리기에 나서는 정부를 비판합니다. 그러나 이건 정치 성향을 떠나 역대 정부들이 해왔던 것입니다. 1997년의 외환위기 때는 김대중 정부에서, 2008년의 리먼브라더스 사태 때는 이명박 정부에서 위기 대응 프로세스로서 항상 따랐던 방식입니다.

역대 정부들은 국가 경제가 심각한 상황에서 아무것도 안 하고 가만히 있을 순 없다고 판단했습니다. 몸을 사려선 위기를 극복할 수 없다는 생각이었습니다. 그래서 결과로 증명했고 '잃어버린 30년의 일본'과 다른 행보를 보여주었습니다.

비주택 개발사업은 정부의 주력 사업

신임 국토교통부 장관이 2024년 1월 10일에 내놓은 정책을 보더라도 재개발과 재건축뿐 아니라 비주택 영역에 대한 개발 의지가 확실하다는 것을 알 수 있습니다. 따라서 건물에 투자하지 못한다면, 대체 부동산인 비주택 구분상가나 노후 오피스텔 같은 곳이라도 주목해야 합니다. 이는 주택 투자의 훌륭한 대체 투자처가 될 수 있으며, 오히려 주택 투자보다 기간 대비 수익률의 측면에서 뛰어납니다. 상가 투자의 특장점은 이렇습니다.

1. 대출 가능 금액이 많기 때문에 소액으로 투자가 가능하다.
2. 단기 시세 차익을 크게 남길 수 있다.
3. 주택 재건축보다 투자 기간이 짧다.
4. 상가는 여러 채 보유하더라도 불이익이 없고 대출을 계속 받을 수 있다.
5. 기본적으로 땅의 용도가 상업지역, 준주거지역, 준공업지역이기 때문에 주택에 비해서 대체적으로 사업성이 뛰어나다.
6. 거점지역의 구분상가는 개발이 시작되면 시세가 먼저 오르고, 하락하더라도 나중에 떨어진다.
7. 소액으로 거점에 직접 투자할 수 있다.

이런 매력이 있기 때문에 상가는 새로운 투자처로 각광받고 있습니다. 쉽게 생각하면 됩니다. 아파트 주변에는 아파트 주민들을 위한 상가가 반드시 있습니다. 연장선에서 노후계획도시 재건축 계획은 노후화되어 재건축이 필요한 대상으로 아파트뿐 아니라 구분상가도 염두하고 있습니다.

그러나 제가 주목하는 것은 단지 내 상가에만 국한하지 않습니다. 사실 단지 내 상가는 보통 투기꾼들이 선점한 경우가 많아 정정당당한 투자를 지향하는 우리가 알아야 할 영역이 아닙니다. 제가 주목하는 것은 단지와 분리된 집합건축물 내 구분상가입니다.

앞서 나열한 장점들 때문에 아파트보다 빠르게 재건축되기도 합니다. 대표적인 사례가 동대문구 청량리동의 미주상가를 재건축한 힐스테이트 청량리역(청량리동 235-6번지 일원)입니다. 저는 이런 사례들이 재건축 트렌드가 될 것으로 예상했고, 서울뿐 아니라 과천과 안산 등에서도 성공적으로 진행된 비주택 재건축 사업지들을 발견했습니다.

결국 노후계획도시 재건축 트렌드에 발맞춰 비주택 재건축이 더욱 활성화될 가능성이 큽니다. 그렇다면 우리는 노후계획도시에 포함되지 않았지만 향후 포함될 가능성이 크고, 서울의 도시기본계획상 개발할 명분이 있는 지역을 찾아야 합니다. 그곳은 바로 강서구 등촌택지개발지구의 집합건축물 구분상가입니다.

마곡동의 확장 거점

우선 등촌동을 알기 전에 '마곡'을 이해하는 것이 중요합니다. 강서구 마곡동은 서울의 마지막 미개발지이자 기회의 땅으로 잘 알려져 있습니다. 원래 이곳은 2002년 월드컵 당시 관련 시설을 지을 부지였다고 합니다. 그러나 최종적으로 해당 역할은 지금의 마포구 상암동이 맡게 되었고, 마곡동은 다르게 개발되면서 천지개벽하게 되었습니다.

마곡동도 어떻게 보면 2008년 금융위기를 이겨내기 위한 대규모 개발 프로젝트의 결과물이었습니다. 게다가 이해관계가 복잡한 위례신도시와 달리 마곡도시개발사업은 처음부터 서울시와 SH공사가 단독으로 진행했기 때문에 우수한 철도망(5호선, 9호선, 공항철도)을 비교적 쉽게 갖출 수 있었습니다. 현재는 LG컨소시움이 대규모 투자를 진행할 정도로 양질의 일자리도 공급되고 있습니다.

그러나 처음부터 마곡동이 대단한 위상을 지녔던 것은 아니었습니다. 2012년 분양 당시에는 서울의 변두리 취급을 받았을 뿐 아니라, 부동산 하락장이 끝나지 않기 때문에 마곡동에 등기를 치는 것 자체가 어리석은 짓처럼 여겨졌습니다. 결국 하락장에서 용기 내 선점한 사람들만이 마곡동에서 큰돈을 벌었습니다.

지금은 마곡동을 하나의 거점으로 여기고, 그 **주변부로 개발이 확장**되는 것에 주목해야 합니다. 이미 일자리 공급을 위한 거점 개발이 완료된 마곡동에 직접 투자하는 것은 지금으로서는 큰 실익이 없다고 봐야 합니다.

앞서 살펴봤기 때문에 잘 알 것입니다. 일자리만 있다면 배후 주거지에도 기회가 있다는 사실을 말이죠. 지금 다루려 하는 등촌택지개발지구는 서울시가 30년 전에 개발한 곳입니다. 개포동과 고덕동의 사례처럼 택지개발지구는 개발 연한에 이르면 정부가 다시 개발하는 경향이 있습니다. 그래서 등촌택지개발지구도 새로운 거점으로 이해해야 합니다.

타이밍이 좋습니다. 노후계획도시정비특례법이 만들어졌으니, 등촌주공아파트도 가양동에 이어서 특례법 적용이 유력합니다. 도시기본계획상 등촌택지개발지구와 마곡동은 떼려야 뗄 수 없는 관계이므로, 서울시장이 반드시 개발해야 하는 거점 사업으로 인식하고 있을 가능성이 큽니다.

등촌택지개발지구의 아파트들도 지어진 지 30년이 다 되었습니다. 게다가 노후계획도시정비특별법 대상지인 가양택지개발지구와 매우 인접했기 때문에 연계개발의 필요성이 있습니다. 그렇다면 아파트들뿐 아니라 상가들도 별도의 재건축을 통해서 마곡지구에 양질의 일자리를 더욱 공급해야 합니다. 그 명분을 가진 곳이 바로 등촌택지개발지구의 집합건축물 구분상가로, 우리는 해당 상가의 개발 가능성에 주목해야 합니다.

거점 파악하기

대상지(등촌택지개발지구)는 마곡광역중심(거점)과 강서지구중심(거점)의 배후지입니다. 박원순 전 서울시장이 거점 개발 자체에 더 집중했다

그림 3-23

등촌택지개발지구의 위치 및 주변 거점.

출처: 서울도시계획포털

면 오세훈 현 서울시장은 거점과 거점을 이어주는 중간 지점의 개발도 챙기는 경향이 있습니다. 등촌택지개발지구는 마곡광역중심과 강서 지구중심 사이에 있기 때문에 양쪽 거점의 개발 압력을 동시에 받을 수 있습니다. 우선 마곡광역중심과 강서지구중심은 어떤 개발이 계획되 어 있는지 살펴볼 필요가 있습니다. 이를 통해 등촌택지개발지구의 향 후 위상을 예상해볼 수 있습니다. 특히 마곡광역중심은 우리가 흔히 이 야기하는 마곡지구 일대를 의미합니다.

먼저 마곡광역중심의 개발 가이드라인은 어떨까요?

그림 3-24

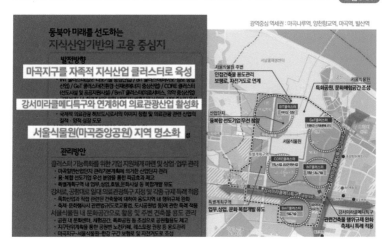

마곡광역중심(거점)의 개발 계획.

출처: 2030서울생활권계획

1. 마곡지구를 자족적 지식산업클러스터로 육성

→ 주거, 상업, 일자리가 모두 결합된 산업단지로 개발하겠다는 뜻입니다. 권장 일자리는 바이오, 정보, 나노기술, 의료·의약, 친환경·신재생에너지 입니다.

2. 강서미라클메디특구와 연계하여 의료관광산업 활성화

→ 공항대로 일대에 병원 시설 등을 건축할 시 고밀도 개발을 권장한다는 뜻입니다. 인허가와 인센티브가 구체적으로 명시되어 있습니다.

그림 3-25

공항대로는 김포공항역 일대에서 출발해 양화로 교차로에서 마무리됩니다.

3. 서울식물원 지역 명소화

→ 서울식물원을 관광 명소화하기 위해 주변 지역 상권까지 활성화하겠다
는 뜻입니다. 대표적으로 노천카페나 레스토랑 등의 유치를 적극적으로
권장하는 것입니다.

특히 우리가 주목해야 할 대목은 '2. 강서미라클메디특구와 연계하
여 의료관광산업 활성화'입니다. 2030서울생활권계획은 공항대로를
매우 비중 있게 다루고 있습니다. 공항대로 인근 지역을 고밀도로 개발
해 마치 강남구 테헤란로를 연상케 하는 것이 목표입니다.

부동산 투자를 할 때 역세권을 중심으로 보는 것이 일반적이나, 사
실 정부와 지자체장은 도로를 중심으로 부동산 개발 방향을 정합니다.

그림 3-26

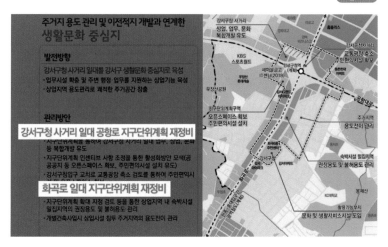

강서지구중심지(거점)의 개발 계획
출처: 2030서울생활권계획

따라서 도시기본계획상 주로 언급되는 도로를 잘 기억해서 투자에 활용할 수 있어야 합니다. 특히 서남권 지역의 부동산 개발에서 중요하게 여기는 도로는 '공항대로', '국회대로', '남부순환로' 등입니다.

한편 강서지구중심의 개발 가이드라인은 어떨까요? 강서구청 사거리 일대를 고밀도로 개발하겠다고 설명하고 있습니다. 그리고 중요한 것은 '공항로 지구단위계획'을 재정비하겠다는 것입니다. 인허가와 인센티브를 더욱 늘리되, 그만큼 기부채납(공공공지, 주민편의시설)도 늘리겠다고 명시되어 있습니다. 더불어 화곡로 일대까지 지구단위계획을 확장하겠다는 것은 거점을 확장하겠다는 뜻입니다.

결국 마곡광역중심과 강서지구중심 모두 공항대로 개발을 최우선 과제로 삼고 있으며 그 연장선에서 등촌택지개발지구의 개발 가능성 또한 높게 점쳐지고 있습니다. 그렇다면 개발 가이드라인은 있을까요? 이미 2030서울생활권계획에 등촌택지개발지구의 개발 연한이 돌아왔을 때를 대비한 가이드라인이 마련되어 있습니다. 이제 도시기본계획 원문을 해석해서 등촌택지개발지구에 어떤 개발 계획이 있는지 살펴보겠습니다.

도시기본계획 원문 분석하기

2024년 1월 26일 개장한 스타필드 수원은 큰 화제를 불러일으켰습니다. 개장 첫 주말 이틀간 약 25만 명의 방문객이 몰려들었습니다. 스타필드라는 복합쇼핑몰의 브랜드 가치를 실감할 수 있는 순간이었습니다. 한편 마곡지구 인근인 강서구 가양동의 CJ부지에도 스타필드를 개발할 계획이라고 합니다.

[그림 3-27]을 자세히 보면 '등촌주공1단지'가 표시되어 있는데, 즉 등촌택지개발지구가 가까이 있다는 사실을 확인할 수 있습니다. 일반적으로 CJ부지와 같은 호재가 아파트 가격을 높일 수 있다고 여겨지지만, 더 중요한 것은 정부 및 지자체장이 등촌택지개발지구를 개발할 생각이 있는지, 그 의지입니다.

2030서울생활권계획은 등촌택지개발지구 지구단위계획을 재정비

그림 3-27

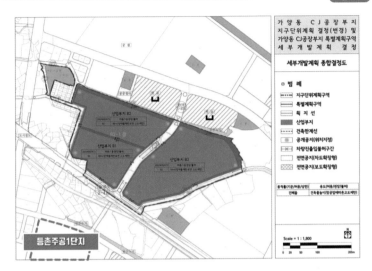

가양동 CJ부지(스타필드 예정지) 위치.

출처: 서울시도시계획포털

그림 3-28

등촌동 개발 가이드라인.

출처: 2030서울생활권계획

한다고 명시했습니다. 여기서 "블록별 용도 및 밀도 관리"에 초점을 맞춰야 합니다. 이것이 바로 노후계획도시 재건축의 명분이기 때문입니다. 즉 아파트 일변도로 개발했던 등촌택지개발지구를 재정비할 시에는 업무와 상업이 결합한 복합개발로 진행할 가능성이 큽니다.

또한 "공항대로41길 저층부 가로활성화 용도 권장 검토"라고 명시했습니다. 이는 앞서 살펴본 강서지구중심에서 지구단위계획을 화곡로 일대까지 확장한 것과 유사합니다. 공항대로로 통하는 길이고, 저층부에 상가를 배치하는 고밀도 개발을 권장하기 때문에, 공항대로41길 일대까지 거점이 확장된다고 이해해도 됩니다.

그렇다면 도시기본계획이 그대로 실현되고 있는지 조사할 필요가 있습니다. 공항대로 41길 대로변에 있는 매물인 '강서구 등촌동 664번지'는 2023년 10월 27일 86.2억 원에 실거래되었습니다. 토지면적당 평당가는 3,499만 원으로 상당한 고가에 매수가 이루어진 것입니다.

해당 매물을 실제 임장한 결과 지하 2층/지상 10층(제3종 일반주거지역) 규모의 건물을 신축하고 있었습니다. 주 용도는 "업무시설, 공동주택, 근린생활시설"입니다. 즉 주상복합 아파트를 신축하고 있는 것입니다. 결국 도시기본계획상 권장 용도에 알맞게 신축 사업이 적극적으로 이루어지고 있다는 것을 알 수 있습니다.

막대한 자본이 있지 않는 한 거점이 확장될 가능성이 있는 지역의 건물을 매수하기는 어렵습니다. 따라서 구분상가 매물이 있는지 파악해야 합니다. 등촌택지개발지구에는 아파트 배후의 상권으로 볼 만한 구

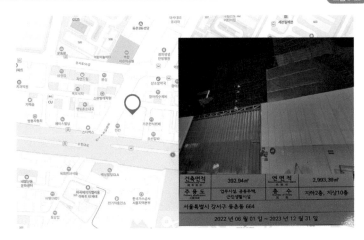

도시기본계획대로 개발되고 있는지 확인하기 위해 임장을 가야 합니다.

출처: 네이버지도

분상가들이 공항대로41길 일대에 집중적으로 배치되어 있습니다.

해당 매물의 사업성이 충분하다면 투자가치도 충분합니다. 그런데 중요한 점은 구분상가 등 비주택 매물의 사업성은 일반 아파트 재건축과는 다른 원리로 접근해야 한다는 것입니다. 그 이유는 사실상 1:1 재건축 또는 다운그레이드 재건축이 빈번하게 이루어지기 때문입니다.

매물의 사업성 분석하기

매물의 사업성을 분석하기 위해서는 우선 지구단위계획에서 용적률

그림 3-30

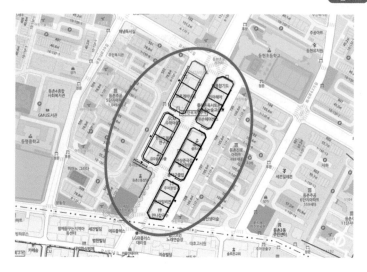

등촌택지개발지구 내 구분상가의 범위(원으로 표시).
출처: 서울도시계획포털

그림 3-31

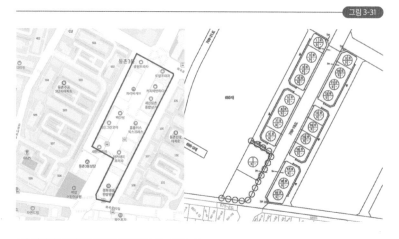

등촌택지개발지구 내 구분상가의 건축 가능 최고높이.
출처: 강서구청 지구단위계획 자료

과 최고높이가 어떻게 규정되어 있는지 살펴볼 필요가 있습니다. 확인 결과 최고높이에 대한 제한이 없기 때문에 준주거지역의 최대 용적률 이내에서 자유로운 개발이 가능합니다.

그런데 해당 건물들의 기존 용적률을 살펴보면 최소 328.09%에서 최대 599.93% 정도입니다. 따라서 현재 기준에서 재건축을 진행하면 사실상 1:1 재건축을 하거나 다운그레이드 재건축을 해야 하기 때문에 사업성이 매우 안 좋아 보입니다.

그러나 비주택(구분상가) 재건축의 사례를 공부해보면 의외로 1:1 재건축이나 다운그레이드 재건축이 종종 일어난다는 사실을 알 수 있습니다. 그 이유를 자세히 살펴보겠습니다.

사업성의 반전

지금은 투자 수요가 많이 줄어들었지만 상승장 말기인 2021년에 유행했던 매물 중 하나가 복층형 프리미엄 오피스텔, 도시형생활주택, 생활숙박시설이었습니다. 이런 건물들의 구조는 굉장히 협소한 평형으로 되어 있는 경우가 많습니다. 공간을 넓게 뽑으면 더 쾌적한 주거환경을 보장할 수 있을 텐데, 왜 이런 식으로 지을 수밖에 없을까요?

그 이유는 비주택 개발의 독특한 특징 때문입니다. 단일 평형으로 재건축하는 아파트가 있다고 가정해보겠습니다. 일반적인 상식으로는 '용적률 100%, 최고높이 5층'의 저층 아파트가 '용적률 300%, 최고높이

그림 3-32

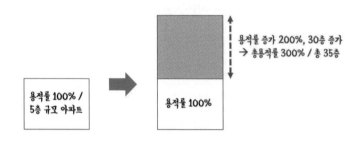

우리가 상식적으로 알고 있는 사업성 좋은 재건축 사례.

35층'으로 커졌을 때 사업성이 좋다고 생각합니다.

그런데 [그림 3-33]을 살펴보겠습니다. [그림 3-32]와 어떤 차이가 있을까요? 한쪽은 연면적이 과도할 정도로 넓습니다. 연면적이 넓을수록 굳이 초고층으로 짓지 않아도 용적률을 계산하면 400% 이상이 나올 수 있습니다.

우리가 일반적으로 알고 있는 용적률 개념은 '건물을 얼마나 높이 지을 수 있느냐?', '건물을 몇 층까지 지을 수 있느냐?' 하는 물음에 대한 답입니다. 그러나 [그림 3-33]처럼 16층 규모의 오피스텔로 재건축한 후 여유분으로 생긴 대지를 공원이나 주차장 부지로 활용하는 방식도 있습니다. 즉 여유 대지면적을 늘리고 건물을 더 높이 짓는 방식으로 개발하는 것입니다. 결국 용적률 개념은 수직적인 개념이면서 입체적인 개념이기도 합니다. 그런데 이렇게 개발하면 사실상 조삼모사 같아

그림 3-33

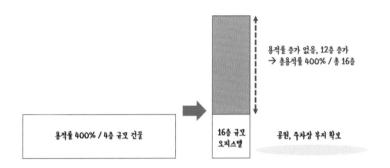

용적률 변화는 없는 1:1 재건축 사례.

보이는데, 왜 이렇게 할까요?

집합건축물 A

·용적률 400%, 최고높이 4층

·평균 실평수: 20평

·전체 호실: 30호실

·평균 시세: (실평수 기준) 평당 1,000만 원

신축 오피스텔 B

·용적률 400%, 최고높이 16층

·평균 실평수: 10평

· 전체 호실: 90호실(재건축 전 호실 대비 세 배 증가)

· 분양 시세: (실평수 기준) 평당 3,000만 원(재건축 전 시세 대비 세 배 증가)

집합건축물 A가 신축 오피스텔 B로 재건축되었다고 가정하겠습니다. 층수를 대폭 늘리고 건물을 슬림하게 지었기 때문에 평균 실평수는 대폭 감소되었습니다. 대신 호실 수가 세 배 늘어났고 시세도 분양가 기준 세 배 올랐습니다. 그렇다면 신축 오피스텔 B로 탈바꿈하면서 건물의 가치는 아홉 배 증가한 것입니다.

일반 재건축 아파트만 투자했던 사람들은 이런 개념을 이해하기 쉽지 않을 것입니다. 실평수가 대거 줄어들었기 때문입니다. 공간을 대폭 줄이는 방식의 재건축을 그대로 받아들이는 조합원은 별로 없기 때문에 아파트 재건축에서는 사실상 찾아보기 힘든 방식입니다.

그런데 집합건축물(구분상가) 투자자들은 어떤 사람들일까요? 실제 사업 목적으로 직접 관리하고 영업하는 사람들도 있겠지만, 상당수는 월세 수익을 얻기 위한 사람들입니다. 그런데 집합건축물이 노후화되고 쇼핑 트렌드가 바뀌게 되면 사람들은 더는 해당 상가를 이용하지 않습니다. 대표적으로 2000년대에 동대문 쇼핑몰 스타일이 전국적으로 유행했지만, 현재는 해당 상권이 쇠퇴하고 있다는 사실이 그 증거입니다.

그런데 신축 오피스텔로 재건축하면서 프리미엄 오피스텔 브랜드를 달면 어떻게 될까요? 최신 커뮤니티 시설과 함께 2030 세대가 선호하는 고급 부대시설까지 마련해놓으면 월세를 매우 비싸게 받을 가능성

그림 3-34

용도지역	일반상업지역
시행지구면적	3,530.7㎡
대지면적	2,667.4㎡
용도	업무, 판매
건폐율	55.89%
용적률	965.9%
높이	89.9m (지하 7층, 지상 19층)

다운그레이드 재건축의 대표적인 사례: 서소문구역 제10지구.
출처: 서울시 보도자료 〈제16차 도시계획위원회 개최결과〉(2021.12.2.)

이 커집니다. 낡은 집합건축물이었을 때는 월세로 10만 원도 받기 어려웠는데 고급 오피스텔로 탈바꿈했더니 월세를 200만 원이나 받을 수 있다면, 실평수가 줄어드는 게 그렇게 중요하지 않을 수 있습니다.

이는 표면적으로 1:1 재건축, 다운그레이드 재건축이지만 기존 노후건물 대비 호실을 대폭 늘려 월세 수익을 극대화할 수 있기 때문에 집합건축물(구분상가)에서 적극적으로 추진되고 있는 개발 방식입니다.

대표적인 사례가 '서소문구역 제10지구'에 있습니다. 서소문동 58-7번지의 동화빌딩(16층, 용적률 1,171.08% 규모)을 지상 19층, 용적률 965% 규모로 신축하는 사업입니다. 층수는 3층밖에 증가하지 않는데,

용적률은 오히려 감소한 다운그레이드 재건축입니다. 하지만 해당 건물은 2023년 4월 13일 기준 1,310억 원에 실거래되었습니다. 하락장 와중에 토지면적당 평당가 3억 원이라는 고가에 거래되었다는 것은 이런 방식의 사업이 수익적으로 유리하다는 점을 방증합니다. 이 때문에 비록 기존 건축물의 용적률 수치가 상당히 높아도 사실상 최고높이를 높이는 방식으로 재건축이 가능합니다. 게다가 기존 집합건축물 내 구분상가의 시세가 상당히 저평가받았다면, 디벨로퍼들이 가격적인 매력을 느껴 적극적으로 매수할 가능성이 있습니다.

부동산 황금가격 분석하기

이제 건물의 주요 시세를 통해 부동산 황금가격을 판단하겠습니다. 마곡광역중심과 가까우면서 공항대로에 포함된 지역이 개발 압력을 가장 많이 받을 가능성이 크기 때문에 시세도 제일 높을 것입니다. 그리고 공항대로를 중심으로 마곡광역중심과 멀어질수록 시세가 서열화될 것입니다.

·등촌동 1번(등촌동 674번지): 매매가 157억 5,000만 원(평당 8,248만 원)

·등촌동 2번(내발산동 647번지): 매매가 405억 원(평당 5,893만 원)

·등촌동 3번(등촌동 664번지): 매매가 86억 2,000만 원(평당 3,499만 원)

그림 3-35

등촌동 주요 거점 내 시세.
출처: 부동산플래닛

　등촌동 1번에 해당되는 지역은 마곡광역중심과 가장 가깝고 발산역
세권에 포함됩니다. 최근에는 역세권 지역의 일반주거지역을 준주거
지역이나 상업지역으로 종상향할 수 있는 역세권 시프트 사업이 가능
하기 때문에 가장 높은 시세가 형성될 수 있습니다.

　등촌동 2번에 해당되는 지역은 등기상 주소가 내발산동이지만 발산
역세권 범위에 포함될 뿐 아니라 공항대로와 인접해 있습니다. 해당 지
역을 조사한 결과 역세권 시프트(역세권 청년주택) 사업이 진행 중으로,
제3종 일반주거지역이 근린상업지역으로 2단계 종상향되었습니다.

　등촌동 3번에 해당되는 지역은 [그림 3-29]의 사례인데, 지하 2층/

그림 3-36

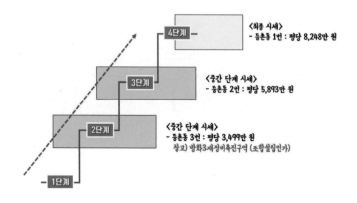

4단계

〈최종 시세〉
- 등촌동 1번 : 평당 8,248만 원

3단계

〈중간 단계 시세〉
- 등촌동 2번 : 평당 5,893만 원

2단계

〈중간 단계 시세〉
- 등촌동 3번 : 평당 3,499만 원
  참고) 방화3재정비촉진구역 (조합설립인가)

1단계

등촌택지개발지구의 단계별 인허가 시세 모델.

지상 10층 규모의 건물이 신축되고 있습니다. 역세권에 포함되지 않기 때문에 준주거지역이나 상업지역으로 종상향되기는 어렵지만 디벨로퍼들이 상대적으로 저렴한 가격에 매수할 수 있다는 장점이 있습니다.

등촌택지개발지구에 단계별 인허가 시세 모델을 적용하면 다음과 같이 시세가 형성됩니다.

1. 조합설립인가에 해당되는 2단계에는 평당 3,500만 원 내외가 적정가입니다.

2. 사업시행인가에 해당되는 3단계에는 평당 5,900만 원 내외가 적정가입

니다.

3. 관리처분인가에 해당되는 4단계에는 평당 8,300만 원 내외가 적정가입니다.

이때 참고할 만한 재개발 지역으로는 김포공항 인근의 방화3재정비촉진구역을 꼽을 수 있습니다. 해당 지역의 매물인 방화동 617-12번지 다세대주택이 2023년 10월 20일에 5억 1,000만 원으로 실거래되었습니다. 실평수 기준 평당가는 2,952만 원으로 거의 3,000만 원에 가깝습니다. 등촌택지개발지구의 구분상가들은 아직 재건축 논의가 이루어지지 않았기 때문에 실평수 기준 평당 2,000만 원 이하에 매수한다면, 조합설립인가에 다다랐을 때 수익을 충분히 보장받을 가능성이 큽니다. 가능한 한 평당 1,500만 원 이하에 매수하면 수익이 극대화될 것입니다.

최종 결론

집합건축물(구분상가)을 비롯해서 노후화된 시장, 유통상가, 오피스텔 등의 비주택 매물들도 재건축(재개발)될 수 있다는 사실을 아는 투자자들은 많지 않습니다. 극히 소수의 투자자만 이런 투자에 눈을 떠서 진입했을 뿐입니다.

2021년 6월 이전만 해도 비주택 재건축(재개발)은 쉽지 않은 사업이었습니다. 토지와 건물의 모든 소유자에게 동의받아야 사업이 가능했는데, 민주주의 사회에서 동의율 100%란 하늘의 별 따기입니다. 2021년 6월 동의율을 80% 수준으로 완화해주었다는 것은 매우 상징적입니다. 당시 아파트 재건축은 각종 규제로 안전진단마저 통과하기 어려운 상황이었는데, 비주택 재건축(재개발)은 오히려 활성화해주었기 때문입니다.

그 결과 비주택 재건축(재개발)은 하나의 투자 트렌드로 자리 잡아가고 있습니다. 대표적인 사업지가 강동구 명일동 48번지 일원에 위치한 주양쇼핑입니다. 동의율 완화 기준이 마련되기 전에는 일부 비대위의 반대로 재건축 자체가 불가능했지만, 2021년 6월을 기점으로 동의율 완화의 혜택을 받아 빠르게 사업을 추진할 수 있었습니다.

이제 실전 투자를 통해 적정가 판단을 마쳤습니다. 초기 단계의 재건축, 재개발, 비주택 매물을 모두 다루었기 때문에 실제 투자에 적용한다면 많은 도움이 될 것입니다. 이런 분석법은 매물을 매매할 때뿐 아니라 상승장에서 하락장으로 넘어가는 변곡점을 예측할 때도 활용할 수 있습니다. 즉 투자판이 어떻게 돌아가는지 전체적인 흐름을 읽을 수 있는 것입니다. 이 기법들이 이 책을 읽은 모든 분의 인생에 유용한 무기가 되길 소망합니다.

지금 시작하라. 그리고 하면서 완벽해져라

이 책의 내용은 길지 않지만 담긴 내용은 결코 사소하지 않다고 자부합니다. 상당수의 부동산 투자자가 이런 원리를 전혀 알지 못한 채 투자에 나섭니다. 자신의 수익을 상승장과 하락장의 반복되는 시류에 맡기고 있다는 사실을 모른 채 말이죠. 이 책에서 강조하는 지식을 내 것으로 만든다면 부동산 전문가라고 불리는 사람들보다 훨씬 수준 높은 투자를 할 수 있다고 단언합니다.

저는 부동산 투자 분석 업무를 10년 넘게 하다가 현재는 5년째 네이버 카페 〈서집달〉과 유튜브 채널 〈서집달TV〉를 운영하면서 많은 분에게 올바른 투자법을 알리고자 조언을 아끼지 않고 있습니다. 지금도 쉽없이 전국의 부동산을 직접 방문해 매물을 분석한 덕분에 그 누구보다 정확한 정보를 제공하고 있습니다.

저에게 투자를 배우고 함께 공부한 투자자들은 투자를 20년 넘게 한 전업 투자자들보다 출중한 실력을 쌓았습니다. 이 책을 읽으신 분들도 포기하지만 않는다면 부자들에게만 공유되고 전수된다는 부의 비밀을 깨우칠 수 있을 것입니다. 저는 15년이라는 긴 시간을 쏟아부은 끝에 어렵게 알아냈지만, 여러분은 저를 통해 조금 더 편하고 빠르게 '부자들의 투자 공식'을 익히길 바랍니다.

결코 쉽지 않습니다. 현실에는 책에 담지 못한 변수가 많기 때문에 실천하며 몸으로 익히는 시간이 필요합니다. 성공의 레시피를 부모님에게 물려받은 금수저가 아니라면 더 많이 행동해서 더 많은 시행착오를 겪어야 합니다. 시행착오에서 배울 수밖에 없는 우리의 현실이 억울하게 느껴질 수도 있지만, 그들과 비슷한 수준의 삶을 살 수 있는 유일한 방법이라는 것을 명심하면 좋겠습니다. 끝으로 제가 좋아하는 글귀를 여러분에게 공유합니다.

"지금 시작하라. 그리고 하면서 완벽해져라."

다시 시작하는 투자

© 엄재웅

2024년 5월 30일 초판 1쇄 발행
2024년 8월 5일 초판 2쇄 발행

지은이 엄재웅
펴낸이 김재범
펴낸곳 (주)아시아
출판등록 2006년 1월 27일 제406-2006-000004호
전화 02-3280-5058
주소 경기도 파주시 회동길 445 (서울 사무소: 서울특별시 동작구 서달로 161-1, 3층)
전자우편 bookasia@hanmail.net

ISBN 979-11-5662-709-8 03320